Estrel

ESPAGNE DU NORD

Chemin de Compostelle
Pays basque - Bilbao

« O Espagne, tu es la plus belle de toutes les terres
qui s'étendent depuis l'Occident jusqu'à l'Inde.
Terre bénie et heureuse en tes princes, mère de nombreux peuples,
Tu es la reine de toutes les provinces.
De toi l'Orient et l'Occident reçoivent la lumière. »
Isidore, in Historia de regibus gothorum.

EDITIONS MARCUS

25, rue Ginoux
75015 Paris
Tél. 01 45 77 04 04

Estrella Cerviño Lorenzo est espagnole, diplômée de philologie romane. Forte de sa formation linguistique et d'une passion pour l'art, elle partage son temps entre ses voyages (la Péninsule ibérique, l'Italie, la Grèce, etc.) et l'enseignement de l'espagnol.

Aux étoiles de mon firmament : Rémi, Claudina et Santi. A mes parents, Dolores et Francisco. A la petite « estrella » ou « lucero » que je porte en moi.

Estelle Delion est titulaire d'une maîtrise en histoire moderne obtenue à la Sorbonne. Entre écriture, reportages et séjours prolongés aux quatre coins du monde (USA, Australie, Proche-Orient, Europe), elle mène de front son travail de rédactrice et la préparation de l'agrégation d'histoire.

Mes remerciements les plus chaleureux vont à mes fidèles amis : Benoît, Jean-Louis, Philippe, Thomas et Jennifer, ainsi qu'à ma famille.

Illustrations : Ana Cajal et Jeanne Cox. Cartes et plans : Légendes Cartograhie. Éditions Marcus, tous droits réservés.
Suivi d'édition : Isabelle Dro.

Dans la même collection, les éditions Marcus ont publié des guides sur l'Espagne, Barcelone et la Catalogne, Madrid et la Castille, la Costa del Sol, l'Andalousie, les Baléares et les Canaries.

Achevé d'imprimer
en septembre 1999
par IMPRIMERIE LIENHART
à Aubenas d'Ardèche

Dépôt légal septembre 1999
N° d'imprimeur : 1736
Printed in France

Dépôt légal : Sept. 1999
ISBN 2-7131-0155-7
ISSN 0554-3401

Les Rías Bajas en Galice renferment d'agréables petites plages bien abritées

L'ESPAGNE ATLANTIQUE, VERTE ET SAUVAGE

Du Pays Basque à la lointaine Galice, le Nord espagnol est fortement attaché à son passé et à ses traditions sans que cela freine sa course vers la modernité. Lorsqu'on songe à une Espagne festive, notre imaginaire nous dessine un cadre andalou avec sa fièvre des corridas, son *cante jondo* (sentiment du flamenco) et ses belles femmes brunes, nobles dans leur gestuelle et leur façon de faire onduler les vagues de leur robe à volants... Cependant il serait faux de croire que cela est absent dans les Provinces du nord de l'Espagne, car les peuples qui les composent possèdent un esprit bien singulier tout aussi jouissif et passionné ! D'une région à l'autre, la variété des coutumes, des folklores et de la gastronomie représentent une richesse inestimable de même que la simplicité de ses habitants, laquelle s'impose à nous comme une bénédiction.

Cette Espagne du Nord qu'on aime, c'est cette Espagne pluvieuse, résistante comme le granit, discrète comme ses églises. C'est aussi une terre celte ou presque celte dont les paysages sauvages rappellent à s'y méprendre ceux de l'Irlande, de l'Ecosse et de la Bretagne. C'est ce ruban de terre qui s'étire entre mer et montagne et qui nous offre de San Sebastián à St-Jacques-de-Compostelle un panorama de hautes falaises tombant à pic dans la mer, d'îles ou presqu'îles rocheuses, de collines verdoyantes et de montagnes austères. C'est un paysage houleux, indompté, immense qui s'enivre d'air marin et de romantisme et qui enferme dans son sein une histoire chargée d'événements, de traditions et de croyances vieilles de plus de deux mille ans. Ce Nord qui sait être enjoué tout autant que mélancolique offre à ses visiteurs une architecture exaltante, héritière du Chemin de St-Jacques, ce *camino*, qui depuis le XIe siècle traverse Roncevaux et la Navarre, pour parcourir neuf cents kilomètres de nature farouche jusqu'en Galice.

Nous allons donc nous laisser conduire par les étoiles et nous imprégner des chants des troubadours pour connaître ces peuples qui savent garder un pied dans le monde magique des légendes et rester très terre à terre dans leurs relations avec les autres. L'Espagne du Nord, matière et esprit, s'habille de la douceur du soleil ou des brumes enchantées pour séduire les passants et les draper dans son halo de lumière.

Un ruban montagneux.

L'impression d'une certaine unité dans la géographie physique de l'Espagne du nord ne doit pas faire illusion. L'horizon est certes égrené de hauteurs mais quatre grands ensembles du relief s'individualisent, de la Navarre continentale à la Galice profondément maritime.

Au nord-est, les **Pyrénées**, plissement alpin de l'ère tertiaire, ainsi que les Pré-Pyrénées occupent essentiellement la Navarre et plus particulièrement sa partie nord. Oscillant entre 1 500 et 2 000 mètres d'altitude, ce secteur occidental le moins élevé de la chaîne montagneuse possède comme point culminant, la Mesa de los Tres Reyes (2 439 mètres), à la limite de l'Aragón. En descendant vers le sud les reliefs s'estompent progressivement et laissent apparaître la plaine de la vallée de l'Ebre appelée la Ribera, sur laquelle s'est construite Tudèle.

Le **Pays Basque** espagnol, confiné entre la muraille pyrénéenne du nord-est et la cordillère Cantabrique de l'ouest, se distingue comme étant une dépression traversée de toute part par des reliefs de faibles altitudes. De nombreuses petites vallées compartimentent ces hauteurs et les agencent de façon symétrique à la côte. Ainsi de Bilbao à la frontière française se dessine un ourlet de dômes boisés et verdoyants, qui rappellent plus les Vosges que l'Espagne elle-même. Tout au nord de la province de Guipúzcoa se trouve le seuil basque, qui permet l'accès aisé à la partie française de l'Euskal Herria. A cheval sur les trois Provinces, les montagnes basques, au sud, prennent de l'altitude puisque le pic le plus élevé est l'Aketegui (1 544 m) suivi de la Peña Gorbea (1 475 m), de la sierra d'Arabar (1 427 m) et de la Peña de Amboto (1 301 m). La sierra basque trouve sa continuité dans la Navarre voisine.

La **Cordillère Cantabrique**, qui s'étend de l'extrême est du Pays Basque à la Galice n'est pas une continuation occidentale des Pyrénées comme on le croirait car elle est plus ancienne que cette dernière, sa formation remontant à l'ère primaire. Ses altitudes flirtent aux alentours de 2 000 m et peuvent atteindre 2 600 m aux *Picos de Europa* dans les Asturies. En effet, ce bloc imposant culmine avec la Peña Vieja (2 665 m), la Torre de Cerredo (2 648 m) et le Naranjo de Bulnes (2 519 m) qui se dressent vers le ciel tels des doigts en appelant au divin… Ces reliefs originaux ont été modelés

Le Parc national de Covadonga

Il couvre 17 000 hectares de la Montaña Cantabrique et englobe les Picos de Europa, situés entre les Asturies et le León. Outre le vertige que donnent les 2 740 m d'élan vertical, ce joyau naturel cache des trésors comme ces fameux lacs glaciaires d'Enol et de la Ercina, des cascades d'eau abruptes où le soleil se reflète par effets de prisme. Très visité, ce site est cependant classé patrimoine naturel.

Avec un couvert forestier important mais fragilisé par les incendies à répétition, Covadonga demeure un sanctuaire naturel et en même temps le dernier sas de survie pour des espèces animales en voie d'extinction comme l'ours brun, le loup et des rapaces comme l'aigle royal… Ce Parc permet également de garder à l'état sauvage des chevaux, des chèvres et d'avoir des cours d'eau poissonneux (truites et saumon) qui font le bonheur des pêcheurs, même si le règlement exige de relâcher les prises ! Avec l'engouement croissant des vacanciers pour des séjours sportifs, le Parc de Covadonga propose des activités physiques comme du delta-plane, des excursions à cheval ou des randonnées en VTT sur les chemins balisés.

par l'action glaciaire du quaternaire et taillés par des phénomènes karstiques. On y trouve de très beaux lacs glaciaires.

Le dernier ensemble montagneux se trouve tout à l'ouest de la Péninsule. La **Galice** est un massif ancien de l'ère hercynienne dont le socle de granit, haché de failles par l'orogenèse a donné naissance à une suite d'alignements montagneux rabotés par l'érosion puis affectés de mouvements récents. Aujourd'hui, l'ensemble se compose de hauts plateaux au contact du León et de basses montagnes (les plus anciennes de l'Espagne) aux sommets arrondis et aux pentes adoucies qui s'affaissent vers la mer tel un désir de rivage...

La mer Cantabrique, un boulevard communicant.

L'Espagne du nord-ouest possède une façade maritime importante s'étendant sur plus de 1500 km. La mer Cantabrique née des eaux de l'Atlantique et baptisée par les populations du rivage, a été pendant très longtemps le boulevard communicant de la Galice au Golfe de Biscaye. Les marchands, les caboteurs, les armées l'ont utilisée à défaut de liaisons terrestres développées bien que les Romains aient essayé d'y remédier. L'Espagne du nord a souffert de ce manque de voies de communication, son cloisonnement étant dû à un relief tourmenté et montagneux. En effet, par endroit, la montagne Cantabrique plonge quasiment dans l'eau laissant peu d'espace aux routes. La mer a donc été l'élément structurant de l'espace ibérique Nord atlantique et a imprimé de sa marque l'identité de cette région.

La Côte verte, profondément atlantique.

Cette Côte verte est une côte rocheuse où l'attaque des vagues, la furie des vents d'ouest et le crachin continu la protègent encore de toute tentation immobilière démesurée ! C'est ce contact farouche entre l'eau et la pierre qui fait le charme de cette côte mais aussi la verdure qui l'orne comme un châle délicatement posé sur les épaules d'une femme... Les côtes galiciennes sont des côtes de submersion, jeunes et mal régularisées, offrant pourtant des abris portuaires de qualité comme La

Corogne au nord. Les plages sont étroites et peu étendues en général mais peuvent être superbes comme en Cantabrie.

Les criques aux rochers escarpés offrent un paysage d'une grande beauté et sont présentes sur tout le littoral. L'originalité profonde de cette côte atlantique réside depuis le Pays Basque jusqu'en Galice dans les échancrures faites par les *rías*, ces profondes vallées ennoyées par la mer après la dernière grande glaciation du Quaternaire. C'est surtout en Galice que ce trait physique est le plus fréquent. On parle de *Rías Altas* et de *Rías Bajas* pour délimiter la côte septentrionale de la côte méridionale. On dit là-bas que ces *rías* découpent le littoral comme la main de Dieu-le-père.

La douceur océane.

Les Provinces du nord-ouest sont les seules qui ont su emprunter à l'océan sa couleur verte scintillante et son humidité pénétrante, rompant ainsi avec l'archétype de l'Espagne profondément méditerranéenne. L'Ibérie humide est au cœur du climat tempéré océanique où les pluies sont abondantes et largement étalées dans l'année. Il n'y a pas de mois franchement sec sauf peut-être au sud-est de la Galice, l'avant-poste de la Castille. Il pleut 1 600 mm d'eau par an sur les côtes des Asturies et de Galice et Saint-Jacques-de-Compostelle reçoit 165 jours de pluie par an !

Certains jours sous le crachin, Bilbao paraît avoir le spleen et ressemble à s'y méprendre à son homologue anglaise, Aberdeen… Quand on sait que Cap Finisterre en Galice est à la même longitude que la pointe de l'Irlande, les choses s'éclaircissent d'elles-mêmes. L'Espagne du nord est une Bretagne à étés plus chauds et à hivers doux. L'amplitude thermique est faible entre les saisons.

En Galice, dix degrés seulement séparent l'été de l'hiver et la moyenne annuelle des températures tourne autour des 14°. L'été, il fait 18° à La Corogne et 20° sur les côtes basques. Rien à voir avec les chaleurs torrides de l'Andalousie !

L'ours brun des montagnes

Les températures d'hiver s'abaissent à l'intérieur des terres et surtout en altitude où les précipitations augmentent. Le climat devient alors continental.

La Navarre, quant à elle, est à la confluence du domaine atlantique et du domaine méditerranéen. Une touche d'aridité la caractérise, les précipitations se faisant moins nombreuses (entre 500 et 1 000 mm d'eau par an).

Les fleuves.

Avec la quantité de pluie déversée sur la région, le chevelu hydrographique ne peut être que dense mais étrangement les cours d'eau sont de taille médiocre.

El Miño en Galice est le plus important des fleuves de la Province et parcourt 317 km depuis sa source, un peu au-dessus de Lugo, jusqu'au Portugal, où il se jette dans l'Atlantique, au sud de Vigo. Aux Asturies, c'est le Nalón, qui naît dans la Cordillère Cantabrique et irrigue la plaine d'Oviedo tandis qu'au Pays basque la Bidasoa se déverse en rapides dans l'Atlantique, peu après Irún, alors que le Nervión termine sa route en méandres et forme la ría de Bilbao. Les montagnes basques au sud sont l'endroit où le partage des eaux s'effectue entre bassin atlantique et bassin méditerranéen. D'ailleurs, l'Ebre, originaire des monts cantabriques s'écoule vers la Méditerranée, en passant par La Navarre.

Richesse de la faune et de la flore.

Le long des côtes se déploient les paysages mélancoliques de la lande d'***ajoncs***, de ***genêts***, de ***bruyères*** et de ***tourbières***. Là où domine l'élevage laitier s'étendent les belles prairies à l'herbe verte et grasse. Aux altitudes les plus basses poussent les ***châtaigniers*** et les ***chênes rouvres*** alors que plus en altitude se trouvent les forêts de latifoliés comme les ***bouleaux***, les ***hêtres***, les ***ormes***, les ***frênes*** et les ***pins***. Il faut noter l'importance toute particulière du ***chêne-liège*** ; son tronc est recouvert d'une écorce crevassée, couleur gris cendre qui sert à la production de liège aggloméré.

Un peu partout a été introduit l'***eucalyptus*** et certaines essences de ***pins***, comme celui de Monterrey, afin de reboiser les espaces décimés en raison de la fabrication de meubles, de charpentes, etc. Ces forêts boréales typiques des pays tempérés océaniques ont un sous-bois riche et favorable à la rencontre des espèces. La faune est elle aussi particulièrement bien fournie : on trouve dans les montagnes ***chevaux*** et ***chèvres*** à l'état sauvage, ainsi que des ***loups*** et des ***ours***. L'***aigle royal*** a élu domicile dans les mont cantabriques. La faune aquatique n'est pas en reste avec de beaux spécimens de ***truites*** et ***saumons***.

De véritables sanctuaires naturels existent en Espagne du Nord suite à une politique novatrice en matière de protection de l'environnement. Les premiers **Parcs nationaux** furent créés en 1918, (c'est le cas de celui de Covadonga aux Asturies), afin de conserver des espèces animales et végétales menacées par une industrialisation à outrance. Depuis, les espaces protégés n'ont cessé de se multiplier, les Communautés autonomes cherchant à promouvoir par ce biais le développement d'un tourisme vert.
Les **Parcs régionaux** et les **réserves naturelles** permettent de prendre soin du patrimoine naturel et de protéger des milieux originaux. C'est le cas des îles Cies de Pontevedra, véritable paradis des oiseaux avec leur richesse marine ou encore des dunes de Liencres en Cantabrie (constructions éoliennes protectrices des côtes).

Un animal emblématique : l'ours brun

L'ours brun est un mammifère carnivore à la denture peu spécialisée ; celle-ci lui permettant de manger, outre de la viande, des plantes, des fruits comme les myrtilles sauvages, du miel volé aux abeilles et de pêcher des truites et des saumons dans les rivières. Malgré sa démarche de plantigrade (parce qu'il s'appuie sur tout le pied) et son poids pouvant atteindre bien plus d'une tonne, c'est un chasseur redoutable qui sait courir après ses proies et par sa force herculéenne les décapiter d'un coup de patte. Les femelles élèvent leurs petits (en général de un à trois oursons par portée) pendant presque deux ans, les protégeant des autres prédateurs et notamment des mâles, qui vivent en solitaire dans les montagnes. A l'entrée de l'hiver, les ours hibernent pendant plusieurs mois dans leurs tanières pour ne ressortir qu'au printemps.

Présent dans toute la Cordillère Cantabrique mais aussi dans les Pyrénées, ce vieil habitant des montagnes ne cesse d'occuper une place particulière dans l'imaginaire collectif des hommes : force brute, douceur et bonhomie. Pourtant ce plantigrade aux canines d'ivoire et aux commissures blanchies est en danger d'extinction. Sur 1 000 représentants de l'espèce au début du siècle, il en reste moins d'une centaine aujourd'hui. Les espaces protégés tentent de préserver ces derniers contre les attaques des chasseurs et des bergers et de les maintenir dans leur cadre naturel.

UNE HISTOIRE RICHE ET MOUVEMENTÉE

Les origines préhistoriques.

Les premières formes de peuplement humain attestées en Espagne remontent à un demi million d'années (dans le centre et le sud). Dans le Nord, ce sont les hommes de Neandertal qui semblent s'être installés vers **50 000 av. J.C.** car on a retrouvé des objets datant de –35 000 ans. Mais on connaît mieux les hommes préhistoriques issus de l'âge de la pierre taillée, chasseurs aux harpons et connaisseurs du feu. Ceux-ci, artistes de surplus, se sont illustrés aussi par l'ornement des cavernes avec des peintures rupestres datées de la période magdalénienne (environ –14 000 ans). Le site préhistorique d'Altamira, près de Santillana del Mar, fait partie des plus remarquables découverts à ce jour et demeure un bijou de l'art pariétal.

Les Ibères et les Ligures

Peuple venu approximativement vers **5000 av. J.-C.** en Espagne et originaire d'Asie Mineure, les Ibères transitent par l'Afrique (le Sahara) et traversent la Méditerranée avant de s'installer sur les côtes orientales de la Péninsule.

Au cours des millénaires suivants, ils se mélangent aux colonies de Phéniciens (vers **1100 av. J.-C.**), de Grecs, de Carthaginois, période pendant laquelle la civilisation ibère s'épanouit (du **VIe au IIe av. J.-C**), puisque l'usage de l'écriture mais aussi du fer leur sont transmis ainsi que la culture de la vigne et de l'olivier. Puis, ils se répandent sur la plus grande partie de la Péninsule et notamment à l'ouest où ils font souche le long de l'Ebre, fleuve auquel ils ont donné leur nom. Les Ligures, venus de Lombardie s'installent en Espagne eux aussi au néolithique, et dressent des mégalithes (menhirs et dolmens) au sud mais aussi à l'ouest (surtout sur les côtes de Galice comme à Pedra de Arca et à Dombate au sud de La Corogne). Ces blocs de pierre taillés seraient disposés là pour servir un culte solaire encore mal connu.

Les Basques, une origine énigmatique

On sait peu de choses sur les origines de ce peuple sinon qu'il semblerait descendre d'une tribu issue du Néolithique, antérieure aux invasions indo-européennes. Des hypothèses stipulent que leur installation dans les Pyrénées remonterait à l'âge du bronze et que les premiers Basques descendraient de l'Homme de Cromagnon. Reculée dans ses montagnes, la tribu aurait su conserver son intégrité en perpétuant la même langue, en se mélangeant très peu et en évitant toute forme d'acculturation avec les Celtes ou les Ibères pourtant prépondérants dans le nord de la Péninsule.

Les premières civilisations.

Les Celtes et les Celtibères

Vers **900 av. J.-C.** commencent les invasions indo-européennes avec les Celtes. Venus d'Europe centrale, ils pénètrent en Espagne via les Pyrénées et s'installent sur les rivages de l'Atlantique, là où les Ibères ont laissé la place libre, et qu'ils nomment Cantabrie (*kent-aber* ou angles des vagues) et Asturies (*As-thor* ou haute montagne).

Civilisation moins avancée que celle des Ibères, elle a cependant su perdurer dans les coutumes, la musique et les mentalités jusqu'à nos jours et donner son identité à la région. Des similitudes existent avec les autres pays celtes que ce soit pour le port des braies ou la métallurgie, artisanat dont ils avaient la maîtrise ou encore l'orfèvrerie. De nombreux forts ou *castros* (village de 30-40 personnes bâti dans une enceinte de pierre) y ont été exhumés (montagne de Santa Tecla à Pontevedra, à Coana dans les Asturies, dans les Ancares...) soulignant une vocation défensive.

Les Celtibères qui ont bénéficié des différents héritages antérieurs ont su apposer leur marque dans cette Ibérie humide en se distinguant par leur habileté aux armes et leur combativité mais n'ont pu résister longtemps à l'offensive romaine et ont été écrasés au siège de Numance en **-133**.

L'ère romaine

Celle-ci dure au moins six siècles (de **-216**, date du début de la conquête romaine jusqu'aux invasions barbares au **Ve siècle ap. J.-C.**). La colonisation de l'Espagne par les Romains se fait progressivement et s'achève par la soumission du nord-ouest, province rétive par excellence. L'ultime étape contre les Cantabres et les Astures a lieu entre **29 et 19 av. J.-C**. et Auguste s' assure la présence de 7 légions romaines pour ce faire.

Peu après, Rome divise l'Hispanie en trois Provinces : la Tarraconnaise qui englobe tout le nord de la Catalogne à la Galice, la Bétique et la Lusitanie. En **332 ap. J.-C.** l'organisation administrative du pays est portée à cinq Provinces, avec la Galice et son chef-lieu Braga et la Carthaginoise au sud.

Mise en coupe réglée et judicieusement exploitée, l'Espagne connaît la prospérité de la *Pax romana* et reste longtemps un des plus beaux fleurons de l'Empire. Tout d'abord d'un intérêt stratégique face aux prétentions de Carthage, l'Espagne devient vitale dans les circuits d'échanges de Rome.

Les Romains ont su valoriser les potentiels et les richesses locales et exporter en provenance du Nord, des poissons séchés, du cuir et des matières premières. La Tarraconnaise du Nord obtient sept *conventus*, c'est-à-dire des circonscriptions dont les pouvoirs dépassaient la seule justice, lesquels facilitent la gestion d'un si grand territoire et initie un petit air d'autonomie.

La décadence romaine et la fin de l'Empire permettent aux forces cen-

L'épopée de Roncevaux

En 778, Charlemagne satisfait d'avoir créé la Marche d'Espagne dans l'actuelle Catalogne et ce pour aider ses alliés chrétiens contre les envahisseurs maures s'en retourne dans son royaume où d'autres affaires l'attendent. Venu avec des troupes nombreuses, il doit pour rentrer, franchir les Pyrénées par un étroit goulot, le col d'Ibañeta. Alors que le gros de l'armée est passé, s'engouffre l'arrière-garde. Mais, embusqués et armés jusqu'aux dents, les Basques, ces montagnards aguerris et soucieux de leur indépendance, se ruent sur les soldats de Charlemagne et les massacrent sans pitié, se vengeant ainsi de leur écrasement à Pampelune. Les Francs, menés par Roland, comte de la Marche de Bretagne, et les douze pairs du royaume se battent héroïquement mais succombent devant le nombre.

Ce fait historique relaté par le fameux chroniqueur Eginhard dans sa *Vie de Charlemagne* à la fin du IXe siècle, a été repris par un clerc normand du XIIe, qui l'a transformé en un magnifique poème épique, mis en ballade et appelé *La Chanson de Roland*. Cette dernière modifie la réalité puisque les assassins ne sont plus les Vascons mais les Sarrasins, eux même, ces infidèles sans scrupules. L'épopée relate que Roland aurait fait acte de bravoure avec ses masses d'arme et son épée Durandal en taillant un passage dans la roche, appelé depuis la Brèche de Roland. Mais, pris au piège, il aurait essayé de prévenir l'avant des troupes en soufflant dans son cor à s'en briser les cordes vocales... Mort en héros, Roland incarne l'idéal du chevalier chrétien. Aujourd'hui encore, sa légende reste vivace.

Au Xe siècle la forteresse de Clavijo était un des hauts lieux du pèlerinage

trifuges de faire surface, de donner plus de liberté aux régions et de faire sourdre à nouveau la réalité de l'Espagne plurielle. Le dernier lien durable du legs romain reste le christianisme. En **325**, l'Espagne est reconnue officiellement comme terre chrétienne.

Les invasions barbares et le royaume wisigoth

L'Europe occidentale du **Ve siècle** est alors envahie de hordes barbares déferlant sur les vestiges territoriaux de l'Empire romain. La muraille pyrénéenne est franchie à plusieurs reprises par les Vandales, les Alains, les Suèves ruinant cinq siècles d'efforts de mise en valeur.

En **415,** les tribus germaniques achèvent d'occuper toute l'Hispanie, créant entre elles un système d'alliance et se partageant le pouvoir. Les Suèves, eux, négocient leur installation avec l'empereur Honorius et reçoivent le statut de fédérés avec un territoire situé à l'embouchure du Douro et en Galice autour de Braga : c'est le deuxième royaume barbare créé après celui des Wisigoths d'Aquitaine. Mais ceux-ci, avec leur chef Léovigild (**568-584**), finissent par s'emparer de toute l'Espagne en détruisant ce royaume suève et en assujettissant les Basques.

L'assimilation entre ces envahisseurs barbares et les Hispano-Romains va être favorisée grâce à des mesures efficaces comme le latin érigé en langue véhicule ou l'autorisation des mariages mixtes. Avec Reccared, fils de Léovigild et roi wisigoth, le vrai ciment unificateur passe par sa conversion au catholicisme. Ainsi commencent trois siècles de domination wisigothe.

L'Espagne mauresque.

La résistance chrétienne du Nord

En **711**, des rivalités se font jour autour de la couronne wisigothe, mettant en péril la Péninsule. À la mort du roi Witizia, une partie de la noblesse du sud acclame Rodéric à la place du successeur légitime. Celui-ci, désavoué, part chercher des appuis militaires en Afrique du Nord, chez les Maures pour récupérer le trône. En s'alliant avec Tariq ibn Ziyad, il arrive certes à vaincre les partisans de Rodéric mais il laisse le champ libre aux Arabes et ceux-ci, forts de leur succès, se répandent dans toute l'Espagne.

La résistance à ce nouvel envahisseur s'organise dans les Pyrénées et les Asturies, où s'est réfugiée la noblesse wisigothe. Initié aux méthodes de la guérilla dans un territoire au relief escarpé, ce noyau de rebelles tient face à un ennemi plus nombreux et animé d'une foi inébranlable, l'islam. L'exploit de leurs ancêtres montagnards face aux cohortes romaines va être renouvelé et même dépassé ! Les troupes de Pélage, ancien garde de Rodéric, remportent une victoire décisive à Covadonga en **722**. Ce triomphe marque le début de la reconquête de l'Espagne, laquelle s'est étendue sur sept siècles ! Pour les Chrétiens, cet événement heureux prend une valeur symbolique extraordinaire : Dieu ne les a pas abandonnés ! Un culte à la Vierge se développe à l'intérieur de la grotte, à Covadonga. Ce nom reste ancré dans les esprits comme berceau de la nation espagnole.

Maures et chrétiens

Les Maures ont continué leur visée expansionniste au-delà des Pyrénées mais les troupes de Charles Martel les ont arrêtés définitivement à Poitiers en **732**. Utilisant la force et la diplomatie, les Arabes sous l'autorité du calife de Damas ont su se trouver des appuis dans la population comme les Juifs, brimés sous les Wisigoths ou comme les propriétaires terriens, convertis à l'islam et donc exemptés de l'impôt. C'est le cas en Navarre de Condé de Tudèle, devenu Banu Qasi et qui s'est allié aux Basques pour vivre et prospérer tranquillement sous l'égide musulmane. En laissant la liberté de culte aux chrétiens appelés « mozarabes » contre versement d'un tribut et en autorisant les relations intellectuelles et commerciales entre les deux communautés, les Maures ont su créer les conditions de la stabilité politique.

L'expansion des territoires chrétiens

En **735**, les Maures s'occupent d'endiguer l'expansion des Berbères dans le sud et laissent les mains libres aux résistants chrétiens du nord. Pélage et son fils entreprennent de former un puissant royaume chrétien à partir des Asturies.

Mais c'est sous le règne d'Alphonse Ier (**739-757**) que s'opère l'extension, de la Galice aux monts cantabriques. Alphonse II (**792-842**) déplace la capitale du royaume de Cangas de Onís à Oviedo et tente une restauration du pouvoir wisigoth dans la région. L'Ibérie atlantique devient le fer de lance dans la lutte anti-maure. Pour exalter les consciences chrétiennes, on invente la légende de St-Jacques, chrétien convaincu et « matamore », c'est-à-dire tueur de Maures.

En **778**, Charlemagne décide de venir en aide à ces défenseurs du christianisme en élargissant à la Navarre et à la Catalogne, l'espace destiné à la reconquête. La Marche espagnole est ainsi créée à partir de Pampelune jusqu'à la Méditerranée afin de jouer le rôle d'espace tampon et permettre l'expulsion des musulmans. La stratégie réussit. Les Arabes sont refoulés puis contenus tout au sud, dans ce qu'ils ont appelé Al Andalous.

Au **Xe siècle**, Alphonse III étend le royaume asturien au sud des montagnes et continue la politique de reconquête chrétienne, laquelle se matérialise par la construction de nombreux monuments et de lieux de culte.

L'Espagne chrétienne.

Almanzor et Sanche III de Navarre

Mais les raids d'Almanzor (**940-1022**), petit caudillo aux ordres du califat de Cordoue, vont se multiplier à la fin de la période et détruire la plupart des bâtiments érigés, cherchant ainsi à déstabiliser les cinq Etats de l'Espagne chrétienne (Asturies, Catalogne, León, Navarre et l'Aragón). En **988**, la cathédrale de St-Jacques-de-Compostelle est razziée, ses portes et ses cloches acheminées à Cordoue. Burgos et León subissent le même sort. De plus, Almanzor sème la zizanie et attise les rivalités entre royaumes chrétiens.

Ceux-ci ne reprennent l'offensive qu'avec Sanche III de Navarre (**1000-1035**), qui mène une stratégie d'alliances et de victoires et s'octroie les Provinces d'Aragón, de Castille, de Ribagorza, de Sobrarbe et la ville de León. Le royaume de Navarre ainsi agrandi devient une puissance souveraine, dotée d'une aura particulière avec le chemin de St-Jacques-de-Compostelle. Cette voie de pèlerinage, inaugurée par la découverte en **844** des reliques de St Jacques, devient aussi une voie de communi-

cation pour le commerce et permet l'essor de la culture romane.
A la fin de ce règne, l'Aragón et la Castille s'affranchissent de la couronne de Navarre, réduisant celle-ci à une peau de chagrin. Ailleurs, la Péninsule se morcelle en petits royaumes appelés *taïfas*, accélérant le déclin du pouvoir maure.

La Reconquista de Las Navas de Tolosa

En **1212**, les souverains de l'Espagne chrétienne (Portugal, León, Castille, Aragón-Catalogne et Navarre) se liguent pour infliger une défaite retentissante à Las Navas de Tolosa et porter un coup décisif à Al Andalous. Après cette victoire, Ferdinand III de Castille dresse les armées du nord (Navarre, Aragón, Portugal) contre les Almohades, nouveaux conquérants après les Almoravides, afin de les chasser de la Péninsule. Une suite de victoires permet une libération partielle du territoire espagnol. Entre le **XIIIe** et le **XIVe** siècles, les royaumes féodaux indépendants, souvent rivaux, empêchent l'unité du territoire. Il faut attendre **1474**, le mariage de Ferdinand d'Aragón avec Isabelle de Castille, pour que ces rois catholiques reprennent en main le destin de l'Espagne en réunifiant autour de la Castille les royaumes de Galice, du Pays basque (Ferdinand s'empare de la Navarre en 1412), de la Cantabrie, etc. Ils établissent ainsi une monarchie absolue.

La prise de Grenade

En **1492**, les armées chrétiennes délogent le dernier retranchement musulman en prenant Grenade et mettent fin à une longue et pénible reconquête. A la même date, les juifs doivent se convertir ou partir. On estime à 180 000 le nombre d'exilés qui se réfugient en Navarre et à 400 000 ceux qui quittent l'Espagne. Un peu plus de 100 000 décident de rester et donc de se convertir. Ainsi commencent les heures noires de la religion catholique, avec l'instauration de l'Inquisition contre toutes formes d'hérésies.

Les Basques : l'autonomie grâce aux *fueros*

L'originalité politique basque s'est affirmée avec le système foral dès la mort de Sanche III de Navarre (1035). Les *fueros* sont des chartes assurant l'autonomie des villes quant à l'application de leur législation intrinsèque. Ces *fueros* exprimaient la volonté du peuple et de ses élites face au pouvoir et aux décisions royales, prérogatives que les représentants basques pouvaient repousser en cas de désaccord dans les assemblées municipales. En contrepartie, les *fueros* reconnaissaient la souveraineté de la couronne de Navarre, ce qui leur permettait de bénéficier de privilèges régionaux et d'exemptions. La cérémonie de fidélité mutuelle entre les Basques et les souverains se déroulait sous un chêne, symbole de la liberté pour la population ; c'est là que chaque partie faisait le serment de respecter ses engagements.

La découverte de l'Amérique

En **1492**, Christophe Colomb découvre le Nouveau Monde, inaugurant les Temps modernes. Avec les Pays-Bas, le Portugal et l'Espagne catholiques sont les deux grandes puissances maritimes et sont toutes deux attirées par les espaces atlantiques. Cette découverte puis l'exploitation des territoires conquis ouvrent la plus grande période de prospérité de la Péninsule ce qui permet l'essor des façades atlantiques. Les ports océaniques connaissent une fièvre commerciale et exportent de la laine, des céréales, du vin, etc. L'augmentation du trafic maritime impose une plus grande activité dans la construction navale. Les Provinces atlantiques bénéficient de cet élan ; les terres sont mises en valeur de façon frénétique et l'élevage se trouve mis à l'honneur.

Les Habsbourg et l'Empire.

En **1516**, Charles, petit-fils de Ferdinand II, ceint la couronne d'Espagne à Santander et hérite en même temps d'un empire impressionnant, forgé au fil des conquêtes et des stratégies matrimoniales antérieures. En **1518**, il est proclamé empereur et devient Charles Quint. Toutes ces dépendances territoriales et ces trésors ramenés des colonies attisent les convoitises des autres pays européens, et bientôt l'Empire devient vite ingouvernable et indéfendable. Des guerres incessantes ont tôt fait de ruiner les finances du royaume. Le rêve d'un Empire universel et chrétien s'envole et Charles V abdique au profit de son fils Philippe II en **1556**. Malgré tout, les années **1557-1598** restent marquées par l'hégémonie espagnole en Europe.

C'est la rivalité avec l'Angleterre qui fait basculer le théâtre des affrontements du côté atlantique avec l'épisode dit de l'Invincible Armada en **1588**, où la flotte espagnole est complètement balayée par la marine anglaise. Cet événement amorce le déclin de la puissance espagnole.

La fin de l'hégémonie

Les successeurs, Philippe III (**1598-1621**), Philippe IV (**1621-1665**), Charles II (**1665-1700**) ne réussissent pas à redresser la situation toujours plus difficile de l'Empire et aggravent même les choses par de mauvaises mesures économiques.

La terre et les mines ont été délaissées, la corruption dans l'administration s'est largement répandue, l'engagement dans des conflits européens comme la Guerre de Trente Ans font s'accumuler des montagnes de dettes. C'en est fini de l'hégémonie espagnole mais aussi de la dynastie des Habsbourg. Le siècle suivant s'ouvre sur un nouveau conflit, celui de la succession d'Espagne.

Le règne du despotisme.

Les Bourbons

C'est Philippe d'Anjou, petit-fils de Louis XIV qui, suite à cette nouvelle guerre, devient roi d'Espagne. Le fait est ratifié en 1713 au traité d'Utrecht. La volonté de Philippe V d'unifier l'Espagne, de contrer la puissance de l'église et de stabiliser l'économie porte ses fruits.

La révolution des Asturies (août 1934)

En 1934, une guerre fratricide se prépare. La IIe République est incapable de recréer l'unité, d'autant plus que celle-ci baigne dans un contexte de crise mondiale. La montée du chômage, celle des antagonismes sociaux et le danger fasciste sont autant d'ingrédients qui participent de la tourmente générale. Aux Asturies, au Pays basque et en Catalogne, et ce, parce que ce sont des régions industrielles où le mouvement ouvrier est puissamment organisé (autour de la CNT et de l'UGC), les heurts avec les forces conservatrices se multiplient.

En octobre 1934, à Oviedo, une tentative de révolution est fomentée par les syndicats révolutionnaires pour barrer la route à la Phalange et sa milice ultra-réactionnaire. Un appel à la grève générale est lancé en même temps que des assemblées d'ouvriers calqués sur le type des soviets se mettent en place. Une jeune République des Soviets est proclamée. Trente mille mineurs grévistes et révoltés s'emparent des dépôts d'armes et des banques. Pour endiguer cette insurrection, le gouvernement fait appel à la Légion étrangère dirigée par Franco. Une lutte armée sans merci entre ouvriers asturiens et les militaires s'étale neuf jours durant, mettant Oviedo en état de siège. Les combats finissent par la pacification de la ville insurgée. Le bilan est lourd : plus de 2 000 morts, 3 000 blessés et des dégâts matériels importants. L'église de la Camara Santa est détruite ainsi que l'université et sa bibliothèque datant du XVIe siècle.

Son œuvre est poursuivie par son successeur Charles III (**1759-1788**), despote éclairé, ouvert aux influences des Lumières.

Cependant, les frasques de la France révolutionnaire en **1793** avec la mort par décapitation du roi Louis XVI effraient les monarchies d'Europe. Charles IV d'Espagne réagit brutalement en déclenchant les hostilités contre son voisin français. Mais désormais les pouvoirs despotiques sont contestés partout en Europe et de graves révoltes populaires conduisent Charles IV à démissionner au profit de son fils Ferdinand VII.

Napoléon en Espagne du Nord.

Au début du **XIXe** siècle, Napoléon, Empereur des Français, décide de mener une politique expansionniste en Europe en prétextant suivre les idéaux révolutionnaires.

Profitant des rivalités de personnes à la cour d'Espagne, Napoléon saisit l'occasion de franchir les Pyrénées et de reconstruire une Marche d'Es-

L'ETA

Avec l'organisation terroriste « ETA », le Pays basque continue de poser un problème à l'Etat espagnol et d'envenimer les relations diplomatiques entre la France et l'Espagne. L'ETA qui signifie *Euskadi Ta Azkatasuna* ou le « Pays basque et sa liberté », est un appendice issu du PNV, apparu en 1959 et qui rompit avec la vieille direction, jugée trop modérée, passive et incapable de faire face à la crise du sentiment nationaliste basque. L'ETA se tourne vers l'activité paramilitaire et en 1961 alors que les drapeaux basques claquent au vent, une charge de dynamite explose dans les locaux de la police et chez le gouverneur civil de Vitoria. Les cibles sont désignées : tout ce qui représente le pouvoir central espagnol. Avec les guerres révolutionnaires pour l'indépendance comme à Cuba ou en Algérie, l'ETA s'oriente sur la même voie avec une même méthode : la guérilla. Officiellement en 1964, l'ETA adhère au socialisme et peut ainsi présenter sa lutte comme un combat contre le franquisme et pour la libération nationale. Jusqu'aux années 80, l'ETA bénéficie du soutien populaire ainsi que des partis de gauche européens.

En 1973, l'assassinat du chef du gouvernement, Carrero Blanco, bras droit de Franco obtient encore l'assentiment tacite de la population. Mais à la mort de Franco et avec la reconnaissance des cultures régionales, les choses changent, la population ne comprend plus l'utilité d'un tel combat surtout que les attentats se multiplient et n'épargnent pas les civils. A ce jour, on dénombre plus de six cents victimes. Avec sa vitrine légale, Herri Batasuna, le mouvement séparatiste basque essaie de donner l'impression d'accepter la démocratie mais la dérive est flagrante. En 1997, le mythe est brisé avec l'assassinat en juillet d'un jeune conseiller municipal à Ermua en Biscaye. Ecœurés, deux millions de personnes manifestent contre l'ETA à Bilbao et à Madrid. Le gouvernement espagnol a essayé d'éradiquer le fléau en instaurant dans le plus grand secret les GAL, ces groupes de tueurs chargés d'éliminer les militants de l'ETA. Ce nouveau scandale a éclaboussé les politiques mais souligne l'immense difficulté de trouver un consensus. Les derniers événements laissent espérer une trêve qui finira peut-être par une paix définitive. En effet, en septembre 1998, l'ETA, isolée, décide de faire taire les armes en signant la déclaration de l'Izarra avec le gouvernement Aznar.

pagne à partir du Pays basque. Il chasse les prétendants au trône, détient la famille royale à Bayonne et installe son frère Joseph (surnommé Pepe Botella) à la tête du pays. Mais les relations s'enveniment avec la population qui ne supporte pas cette ingérence. Le **2 mai 1808**, une révolte de paysans contre les Français est violemment réprimée. Cet épisode funeste a marqué les consciences d'alors et un tableau de Goya représente une de ces scènes.
Ce n'est qu'en **1813**, à Vitoria, que les troupes anglaises de Wellington écrasent et chassent les Français. Cette bataille a inspiré au compositeur Beethoven un poème symphonique relatant la déchéance de l'Aigle... Cette libération permet la naissance d'une nouvelle Constitution libérale à Cadix.

La Restauration et les guerres carlistes

Ferdinand VII, un des prétendants évincés par Napoléon refait surface et reprend en main la Péninsule ibérique. Monarque absolu et ennemi de la jeune Constitution, il s'illustre par une réaction virulente au siècle des Lumières, aux idées progressistes issues de la Révolution française et de la Révolution industrielle. Son règne accentue le retard économique et politique de l'Espagne au sein de l'Europe et se clôt sur les guerres carlistes.
Son frère Carlos, soutenu par les Apostoliques et les conservateurs refuse le droit de succession à sa nièce alors âgée de deux ans et inaugure une guerre civile à répétition (**1833-38**, **1845-49**, **1868-74**), son fils et son petit-fils reprenant le combat contre Isabelle II et les libéraux.
En **1873**, la première République espagnole est proclamée mais encore trop fragile, elle ne résiste pas à une nouvelle restauration monarchique. Cependant, sa Constitution perdure jusqu'en 1923, date de la dictature de Rivera.
En **1875**, Alphonse XII monte sur le trône et se proclame monarque constitutionnel. En signant le Manifeste de Sandhurst et en montrant une bonne volonté sociale, il tente d'unifier les Espagnols. Mais les intentions, même les plus louables, vont s'effacer dans la tourmente du début du **XXe** siècle.

Les Temps Modernes.

L'ère industrielle du Nord atlantique

C'est dans la **seconde moitié du XIXe** siècle qu'un nouveau cycle industriel démarre au Pays basque, suite au trafic lainier du XVIIIe s. faisant surgir après la Catalogne, la seconde zone industrialisée de l'Espagne. Ce développement est dû à l'exploitation en Biscaye de mines de fer. Il faut attendre la fin des *fueros* pour autoriser l'exportation de minerais. La métallurgie lourde se développe vraiment à Bilbao, plus tardivement à Oviedo, près des gisements de fer permettant la naissance des grands complexes portuaires, et ceci grâce à l'activité d'une élite bourgeoise ambitieuse et de choix stratégiques des grands capitaines d'industrie.
En même temps, se développe le mouvement ouvrier, comme partout ailleurs en Europe. Les idées socialistes et anarchistes franchissent les frontières et viennent l'alimenter. En **1890** et en **1903** ont lieu des grèves ouvrières très dures en Biscaye. Le socialisme gagne du terrain en Guipúzcoa mais pénètre plus lentement en Alava. La neutralité de l'Espagne durant le premier conflit mondial lui a permis au début d'écouler son charbon, son acier et ses productions industrielles et de s'enrichir avant de subir le blocus atlantique allemand. L'industrialisation en Guipúzcoa s'est appuyée sur le papier au début du siècle, tandis que l'Alava et la Navarre ne connaissent leur phase industrielle qu'en 1960.

L'affirmation nationaliste basque

A la **fin du XIXe** siècle, au milieu des concerts des Nations et alors que se font jour en Europe les nationalismes, naît en Biscaye, le mouvement nationaliste basque défini par le théoricien Sabino Arana Goiri. La langue, la particularité historique basque avec le « mythe foral » et la littérature bascophile sont mis en exergue pour démontrer la supériorité de la « race » basque face à la « race » espagnole.

Ce nationalisme est en fait, une réaction vive à la menace qui pèse sur son identité culturelle à un moment où ses modes d'existence jusqu'ici traditionnels, sont brusquement remis en question par l'industrialisation et l'immigration massive qui s'ensuit.

En **1900**, la société politique basque, composée jusqu'ici de la droite espagnoliste et de la gauche social-démocrate, doit compter avec une nouvelle formation politique : le PNV (Parti national basque).

D'un nationalisme de droite au début du siècle, la tendance va s'inverser pendant la guerre civile, le PNV se rapprochant des thèses républicaines afin de préserver son autonomie. Mais la Navarre, conservatrice et excarliste préfèrera se ranger sous la bannière franquiste provoquant une scission parmi les Basques, celle-ci étant aujourd'hui encore sensible.

De la dictature à la République

En **1902**, c'est Alphonse XIII qui, à16 ans, dirige l'Espagne. Il est confronté au développement des forts mouvements régionalistes et du socialisme dans le Nord. En **1917**, une grève générale paralyse le pays, l'Espagne ne s'engage pas dans la guerre.

La situation devenant chaotique, Primo de Rivera fait un putsch en **1923** et instaure une dictature qui met fin aux avancées démocratiques. Il entretient des bonnes relations avec Mussolini et c'est son fils qui crée la Phalange, un parti fasciste, sur le modèle italien. Le fossé se creuse entre les partis politiques. Un sursaut de courte durée met en place la IIe République après le départ de Rivera en **1930**. Azaña, un partisan issu de la coalition de gauche instaure une organisation semi-fédérale de l'Etat qui répond aux aspirations des autonomistes mais qui ravive la colère des conservateurs.

En **1933**, la droite centriste emporte les élections entraînant de graves troubles dans les bastions ouvriers (**1934** aux Asturies). En **1936**, c'est le Front populaire (Union de la gauche) qui est élu lors des élections mais la droite est loin d'être écrasée. Une nouvelle vague de violence déferle sur le pays...

La guerre civile et le franquisme

Le **18 juin 1936**, un *pronunciamiento* de l'armée en finit avec la IIe République. Les républicains, les communistes, les socialistes, les anarchistes prennent les armes face aux nationalistes et aux conservateurs. Durant trois ans, la guerre civile fait rage. Les intellectuels et les artistes s'engagent dans le conflit, le plus souvent en faveur de la démocratie ; on retiendra les poèmes de García Lorca (fusillé) et l'œuvre de Picasso dont son fameux tableau intitulé *Guernica*.

En **avril 1939**, Franco arrive à Madrid et met fin au conflit. Pendant 35 ans, il règne en dictateur imposant un vrai talon de fer sur les régions pro-indépendantistes, avec le soutien de l'Eglise, de l'armée et de la Phalange.

Renaissance de la démocratie

Franco meurt le **20 novembre 1975**. Juan Carlos Ier monte sur le trône. En **1976** a lieu le premier vote démocratique. En juin **1977**, Adolfo Suarez est élu chef du gouvernement. En décembre **1978**, les Espagnols approuvent la Constitution sauf au Pays basque où les votes négatifs et les abstentions sont plus nombreux que les votes positifs. Les Communautés autonomes (Catalogne, Andalousie, etc.) voient le jour l'année suivante.

Après la démission de Suarez et un coup d'état manqué les élections législatives de **1982** donnent la victoire au Parti Socialiste espagnol. En **1986**, l'Espagne rentre dans la CEE. En **1996**, les élections législatives portent au pouvoir José María Aznar, leader du PP (Parti Populaire).

LE NORD ESPAGNOL, ENTRE TRADITION ET MODERNITÉ

L'Espagne des fortes densités.

Ce Nord ibérique offre un contraste saisissant avec l'intérieur dépeuplé des *sierras* arides. La natalité y a toujours été très forte sans doute en raison de l'influence du catholicisme et de l'importance de la ruralité. En Galice, comme en Bretagne, les familles très nombreuses (environ dix membres) ont été longtemps le modèle social de référence.

À ce dynamisme intrinsèque s'ajoute une immigration non négligeable d'Espagnols venus d'autres régions et attirés par les perspectives d'emplois des zones industrielles qui se sont créées au XIXe siècle. Mais là encore, l'homogénéité n'est pas de mise. Le Pays basque est aujourd'hui, et de loin, la plus peuplée des régions, avec une densité de plus de 200 habitants au km^2, la Galice, quant à elle, compte plus de 100 hab. au km^2. Les régions les moins peuplées sont les Asturies et la Cantabrie avec 70 hab. au km^2 et enfin la Navarre avec 5o hab. au km^2.

L'industrialisation a joué à plein et est le facteur principal de l'urbanisation. Bilbao (430 000 hab.), Oviedo (200 000 hab.), Pampelune (183 000 hab.) sont les grands centres urbains et industriels de l'Espagne du Nord-ouest. Déjà entre les régions les différences s'accusent mais à l'intérieur même des Communautés, la répartition de la population est totalement inégale.

Un phénomène général se distingue, c'est l'opposition entre un littoral densément peuplé et un intérieur délaissé. Ainsi en Galice, c'est dans les Provinces littorales que se concentre la majeure partie des habitants. En Navarre, le déséquilibre dans l'organisation du territoire fait contraster la zone de la plaine de l'Ebre avec les massifs montagneux des Pyrénées.

L'impact religieux.

Après de profonds changements sociologiques, économiques, politiques et la rapide sécularisation de la société espagnole, le sentiment religieux est selon le pape Jean Paul II « enfoui au plus profond des consciences dans ce pays de vieille christianité ». C'est vrai que la grande majorité des Espagnols se considère catholique (entre 79 et 83%) et cet enracinement de la foi (au travers des fêtes religieuses) constitue l'identité même du peuple espagnol. La pratique religieuse en Espagne reste parmi les plus élevées d'Europe avec l'Irlande. La messe dominicale est suivie à plus de 50% chez les femmes et à plus de 30% chez les hommes. Mais l'Eglise reste très préoccupée du rejet manifesté par les jeunes quant à leur évangélisation. La crise que traverse cette dernière actuellement ne semble pas remettre en question les dogmes puisque 60% des Espagnols pensent que Dieu créa le monde en sept jours.

La famille au cœur de la vie sociale.

Dans ces régions qui savent être si fidèles à leur passé, la famille (entendue au sens large) se révèle être le pilier des relations sociales. Il y a pourtant dans ces régions du Nord deux façons de vivre ces liens familiaux : le matriarcat galicien et le patriarcat basque.

La strate celte a fait de la Galice un pays de femmes. Le *castro* (unité de production et de consommation) et le travail agricole étaient les domaines réservés aux femmes tandis que les hommes apportaient à l'économie familiale les résultats de la guerre et des pillages. Déjà Strabon décrivait la société celte comme une gynécocratie (« peu civilisée » !) où les filles se chargeaient de choisir une épouse à leurs frères, s'assurant la récupération de la dot et le rétablissement de l'équilibre économique. A partir du XIXe siècle, l'émigration marque le grand drame historique du peuple galicien. Les femmes restent au pays tandis que leurs hommes partent vers l'Amérique ou l'Europe du nord pour y chercher un travail. Le non-retour était courant. Aujourd'hui encore en Galice – et même si les mœurs évoluent – les femmes continuent d'être l'élément protecteur et parfois envahissant de la famille.

A l'inverse, chez les Basques, la famille est entièrement dirigée par le « pater familias », digne héritage des Romains et commun à tous les pays latins. Le Pays basque reste un des bastions du règne masculin où les domaines traditionnels réservent une toute petite place aux femmes. Les hommes basques s'imposent dans les sports, dont la rudesse physique exclue les femmes (concours de levée de pierres, coupe de troncs d'arbre, tir à la corde, etc.) mais aussi dans les folklores dansés (danse du sabre) et les sociétés gastronomiques ou *txokos* (uniquement réservées aux hommes).

Politique : la complexité des autonomies.

L'Espagne plurielle est une réalité vécue au quotidien et dont la complexité atteint son paroxysme dans les domaines politique, juridique et administratif, et ce, depuis la phase de démocratisation de l'après-franquisme.

Le 20 décembre 1978, l'Espagne devenue monarchie parlementaire, a approuvé au suffrage universel la Constitution qui consacre l'état d'Autonomie ; dix-sept Communautés autonomes ont vu le jour et ont reçu le pouvoir de s'administrer elles-mêmes. Ce choix politique a pris en compte les identités régionales historiques réelles ou imaginées. En effet, depuis très longtemps déjà, les différences socio-économiques, linguistiques, ethniques et culturelles des peuples de la Péninsule existent et ont continuellement posé des problèmes au pouvoir cen-

Les marins basques

Dès le XIIIe siècle, les pêcheurs basques sont partis affronter l'océan Atlantique à la recherche des plus gros cétacés, les baleines ! La bravoure et l'audace dont ils faisaient preuve lors des harponnages, leur ont valu une solide réputation qui a fait le tour du monde. Ces maîtres des mers ont initié ce type de pêche en Europe, Bayonne étant le premier port baleinier atlantique. Le Pays basque compte dans ses rangs un navigateur illustre : Juan Sebastián Elcano. Ce dernier s'engage dans l'expédition de Magellan pour réaliser un tour du monde en 1519. A la mort de celuici, Elcano assure la relève et rejoint l'Espagne dans le seul navire restant, prouvant à tous que la terre était ronde.

Au XVIe siècle, on retrouve les marins basques à Terre-Neuve dans les hautes latitudes, au large du Canada pour la pêche à la morue très prisée dans les pays méditerranéens. Avant que les ports basques ne déclinent au XVIIIe siècle au profit de Séville, les marins basques formaient un vivier pour la marine royale espagnole. Ils étaient recrutés pour leur connaissance des océans, pour leurs compétences et leur témérité.

Aujourd'hui encore les Basques hantent les littoraux du monde et font partie des légendes marines que les auteurs chiliens comme Sepúlveda ou Coloane évoquent dans leurs œuvres.

tral, jusqu'à empêcher l'édification au XIXe s. d'un véritable Etat-Nation. La Catalogne et le Pays basque, toutes deux nationalités historiques, ont été à la base des mouvements centrifuges de la périphérie s'opposant au cœur politique, la Castille.

Conscientes de leur originalité culturelle mais aussi de leur potentiel industriel, elles ont revendiqué avec force leur désir d'autonomie voire d'indépendance ! La Galice, Valence mais aussi d'autres Communautés au particularisme vivace ont suivi le mouvement. Désormais, les langues régionales (brimées sous Franco) sont reconnues officiellement et employées dans les écoles, les administrations... Chaque région peut avoir son propre drapeau, son hymne et ainsi valoriser son identité. La renaissance des folklores est à replacer dans ce cadre.

Une économie diversifiée.

Une Ruhr ibérique

Le Nord espagnol concentre une grande partie du secteur secondaire qui fait défaut au reste de l'Espagne en général, excepté en Catalogne.

Le Pays basque appartient sans conteste à ce Nord industriel. Bilbao a largement profité de l'industrialisation de la vallée du Nervión puisque l'on a souvent comparé à une Liverpool espagnole ! En Biscaye, ce sont les fonctions portuaires qui ont polarisé les activités industrielles alors que la Province de Guipúzcoa s'illustre davantage par une industrie montagnarde concentrée dans les vallées. L'Alava a connu une industrialisation plus tardive et plus discrète basée sur la métallurgie de transformation. En Navarre, c'est l'industrie automobile qui s'est développée tandis que les Asturies possèdent de puissants complexes sidérurgiques installés sur l'eau dans le nord alors qu'au sud, on trouve le vieux pays minier qui a été à l'origine de sa première phase d'industrialisation (lequel représente encore 60% du charbon espagnol).

Jusqu'en 1973, ce Nord industriel produisait une bonne partie des richesses du pays avant d'être frappé durement par la crise économique et d'entrer en récession. Aujourd'hui encore, il reste fragile avec son cortège de fermetures et de licenciements.

Une agriculture en sursis

Dans cette Espagne verte et humide et en y incluant la Navarre, l'agriculture continue d'occuper un secteur non négligeable de l'économie.

Dans les Provinces cantabriques et en Galice, l'élevage laitier y a la primeur. La moitié de la production nationale de lait y est réalisée. Cela est le fait d'une petite paysannerie dont les revenus demeurent modestes, dans un espace où le niveau de vie est très bas en général. Le Nord produit également du vin (Pays basque, sud de la Navarre, Galice, etc.), des céréales, du fourrage pour les bêtes, des pommes de terre, des betteraves, etc. La Galice par exemple est avant tout une terre de paysans : 39% de la population active travaille dans le primaire et cette proportion atteint 50-55% dans les Provinces de Lugo ou d'Orense. Mais la capacité agricole de la région ne représente que 14% de la production nationale.

Un tel décalage entre le nombre d'actifs et la faible productivité s'explique par un émiettement extrême des structures d'exploitation et de propriété. Nous sommes dans le domaine des *microfundios* où l'archaïsme de la vie agraire reste une donnée essentielle.

Une pêche miraculeuse

La pêche est l'apanage de l'Espagne atlantique. La Galice n'emploie que 3,4% de la population active (90 000 pêcheurs) mais débarque plus de la moitié du poisson du pays (un million de tonnes de poisson et de fruits de mer). Vigo est le premier port de pêche d'Espagne et ses conserveries lui assurent une ouverture commerciale en dehors du pays. L'Atlantique fournit une grande variété d'espèces (merlu, sole, raie, thon...) mais la sardine reste la prise principale. La flotte de la région est très diverse ;

elle compte aussi bien des petits bateaux à l'activité quasi artisanale, que des gros tonneaux plus tournés vers la pêche hauturière et lointaine (pour la morue). L'aquaculture y est également très développée car les habitants de l'Espagne du Nord sont de gros consommateurs de crustacés. La plupart des spécialités régionales sont à base de poisson et de coquillage

Un tourisme en expansion.

L'Espagne du Nord ne connaît pas le même attrait touristique que les *Costas* du rivage méditerranéen, cependant le tourisme y est en expansion. Plus de trois millions d'Espagnols, de Portugais viennent profiter des charmes sauvages des côtes galiciennes ou cantabriques.

Le Pays basque est quant à lui plus développé au niveau de ses structures d'accueil et reçoit une clientèle plus aisée venant de l'Europe de l'Ouest (les Français, les Allemands, les Anglais, etc.). San Sebastián était l'ancienne villégiature de l'aristocratie et de la haute bourgeoisie espagnoles. Elle a conservé cette fonction tertiaire et tire son prestige de ses hôtels du XIXe siècle. La côte basque est très recherchée l'été, tandis que les Picos de Europa sont à la Cantabrie ce que Gavarnie est aux Pyrénées. Un site magnifique où élan vertical, vertige et splendeur se mélangent et enchantent les vacanciers. Quant au vieux chemin de Saint-Jacques, chaque année, il attire une foule de pèlerins venue de toute l'Europe et reste une destination touristique originale. Avec une telle diversité, plus que jamais l'Espagne du Nord reste à découvrir !

L'Espagne en chiffres

Superficie : 504 782 km^2.

Situation, côtes et frontières : L'Espagne compte 5 878 kilomètres de côtes réparties entre la Méditerranée et l'Atlantique ; elle partage ses frontières terrestres avec le Portugal, la France et l'Andorre. Le détroit de Gibraltar la sépare du Maroc, mais Ceuta reste une enclave espagnole.

Point culminant : Le volcan de Teide (3 718m) dans l'île de Tenerife aux Canaries.

Population : 39 270 000 habitants.

Capitale : Madrid, 3 millions d'habitants.

Monnaie : La peseta.

P.I.B. : 586 millions de dollars.

Chômage : 21,6%.

Communautés autonomes : Catalogne, Navarre, Asturies, Galice, Cantabrie, Pays basque, Rioja, Castille et León, Madrid, Castille-la-Manche, Estrémadure, Andalousie, Valence, Murcie, Aragón, Baléares et Canaries.

Principales villes : Barcelone, 1,7 millions d'habitants ; Valence, 750 000 hab. ; Séville, 700 000 hab. ; Saragosse, 590 000 hab. ; Málaga, 500 000 hab. ; Bilbao, 433 000 hab.

Régime politique : Monarchie constitutionnelle, chef de l'État : le Roi Juan Carlos Ier depuis 1975 ; chef du gouvernement : José María Aznar depuis mai 1996.

Assemblées : Les Cortes, le Sénat et le Congrès des députés.

Langues : dans tout le pays on parle le castillan, la langue espagnole, mais en Catalogne 68% de la population s'exprime dans l'idiome catalan, en Galice, les habitants parlent à 91% le galicien (très proche du portugais), quant au Pays basque-Navarre, ils ne sont que 30% à pratiquer l'euskara, la langue régionale. Le valencien est également parlé sur la côte est à Valence.

Au croisement de diverses influences, le nord de l'Espagne s'est enrichi au cours des siècles de toutes les civilisations qui y sont passées en y laissant leur trace artistique.

Les chefs-d'œuvre de la Préhistoire.

A travers la connaissance et l'étude des plus anciennes manifestations picturales de l'humanité, nous arrivons à capter la mystérieuse essence artistique originelle de l'esprit humain et à comprendre ses multiples aspects.

Ces premières œuvres correspondent chronologiquement à la dernière étape de l'homme préhistorique. Nous ne pouvons pour autant écarter le souci artistique exprimé au travers des taches ocres et des objets façonnés par l'homme de Neandertal, il y a 50 000 ans.

Il faut attendre encore cinq millénaires pour trouver les premières peintures figuratives. C'est, en effet, entre 25 000 et 15 000 av. J.-C. qu'elles atteignent une véritable qualité technique et esthétique. Le grand art pictural de la Préhistoire embrasse une période de 20 000 ans, pendant lesquels les chasseurs nomades venant d'au-delà des Pyrénées et du détroit de Gibraltar le disséminent le long des côtes et à l'intérieur de la Péninsule ibérique.

Les couleurs et les motifs

La peinture paléolithique utilise seulement trois couleurs : le jaune, le rouge et le noir. Le jaune et le rouge sont obtenus à partir de terres et le noir à partir de la calcination de bois, d'os, de noyaux, etc. L'artiste nuance ces couleurs de base pour arriver à donner l'impression d'une plus grande diversité chromatique : à partir du noir, il arrive aux tons violacés, et à partir du rouge et du jaune, à des tons marron, jaunâtre, ou orangé.

À la couleur s'ajoute un graphisme très expressif fait de lignes plus ou moins marquées et de traits en pointillé qui représentent des silhouettes et des profils. Pour insuffler à son dessin une impression de mouvement, l'artiste utilise les reliefs de la paroi qui lui sert de support.

Une thématique diversifiée

Le monde animal occupe une place préférentielle : les bisons, les chevaux, les sangliers, les bouquetins, les rennes, les taureaux, les cerfs mais aussi les ours, les poissons, les félins, etc. Un deuxième motif thématique est formé d'un ensemble de signes, de symboles (des points, des taches de couleur) d'une interprétation difficile. D'un autre côté, la représentation de l'homme et des parties de son corps (les mains) est rare et souvent liée à des scènes de chasse.

Depuis la naissance de la paléoethnologie, plus de quatre-vingts gisements paléolithiques ont été répertoriés et les plus intéressants se situent dans l'espace franco-cantabrique. ***La grotte du Castillo*** est sans doute une des plus importante de toutes ; ses nombreuses strates archéologiques et la diversité de sa thématique comprend de nombreux signes et symboles, une centaine de mains et quelques 150 figures zoomorphes

Le mystère des peintures

Encore aujourd'hui, la question de la finalité de ces peintures reste posée. Serait-ce un simple élan artistique ou bien ont-elles un but précis ?

Les nombreuses études réalisées concluent à des croyances ou rituels magiques et religieux en relation avec les conditions d'existence de ces hommes-chasseurs. En tout cas, cet art reflète, sans aucun doute, leurs préoccupations, ainsi la chasse qui assurait leur survie. Les images féminines et la représentation de leur fonction reproductrice soulignent le souci du renouvellement de la tribu.

Les traces celtes.

En raison de leur retard culturel, les restes celtes (Ier siècle av. notre ère) se réduisent presque aux vestiges apparus dans le nord-ouest et dont l'épicentre est La Galice.

Dès l'âge de bronze jusqu'à l'arrivée des Romains, se développe la culture *castreña* (liée aux *castros*) laquelle a eu un impact réel sur la naissance des cultures galicienne et asturienne ultérieures. L'exemple le plus célèbre de construction celte est le ***castro de Santa Tecla*** (Ve s. av. J.-C.), à La Guarda (Pontevedra). Sa valeur archéologique est d'une grande importance puisqu'il est entouré d'autres habitations dotées de murailles défensives et élevées sur une série de peintures rupestres du IIIe millénaire av. J.-C. L'ensemble a été déclaré monument artistique d'intérêt national.

L'héritage romain.

Malgré une romanisation importante, il reste peu de vestiges romains dans ces régions du nord. Des traces d'infrastructures routières ont survécu jusqu'à nos jours, ainsi que des constructions défensives.

En Galice, la ***Tour d'Hercule*** ou *Torre de Hércules* (IIe siècle) est le seul phare romain au monde qui continue de fonctionner, sans oublier l'enceinte romaine de la ville de **Lugo**, l'un des plus beaux exemples d'architecture militaire romaine de toute la Péninsule.

L'art des Asturies et le préroman mozarabe.

Le roi Alphonse II le Chaste fonda le premier royaume chrétien d'Espagne aux Asturies, et fixa sa première capitale à Oviedo. C'est à ce moment qu'apparaissent les premières manifestations d'un art autochtone spécifique, le préroman asturien, marqué par un esprit profondément traditionnel. Il privilégie l'arc romain en plein cintre à l'arc en fer à cheval. Mais ce préroman sait s'ouvrir aux tendances novatrices en promouvant un mélange de cultures qui donne comme résultat des édifices de plan presque carré, entièrement voûtés. Leurs parois ajourées rappellent l'art musulman tandis que la décoration sculptée est d'influence wisigothe.

En Castille-León et en Galice cet art venu du sud sera appelé « Mozarabe », car son style composite, caractérisé par l'emploi de l'arc outrepassé et de la voûte nervée, est dû au développement de l'art chrétien en pays sous domination musulmane. Les œuvres les plus significatives de cette architecture asturienne s'élèvent au IXe siècle. Ce sont les églises de ***Santa María del Naranco***, de ***San Miguel de Lillo*** et de ***San Pedro de Nora***, toutes les trois dans les alentours d'Oviedo.

ALTAMIRA, LE « SANCTUAIRE DE LA PRÉHISTOIRE » (ABBÉ BREUIL)

A côté de Santillana del Mar, à Santander, se trouve la grotte d'Altamira ou la « Chapelle Sixtine de l'art pariétal » comme l'a dénommée un spécialiste de la préhistoire. Véritable trésor caché depuis la nuit des temps, on a dû limiter le nombre de visiteurs pour préserver la qualité des peintures.

Dans une des galeries baptisée le « Grand Salon » ou « le toit aux polychromies » on contemple un magnifique ensemble de bisons où l'artiste, d'une main de maître, a su tirer profit des reliefs de la roche pour souligner les corps des animaux peints et obtenir ainsi un effet de volume. En plus d'un riche répertoire de symboles et de mains, la grotte contient 63 cervidés, 38 bisons, 26 chevaux, plusieurs bovidés, des ovidés et des sangliers, ainsi qu'un loup, un mammouth, un poisson et un félin.

Santa María de Eunate, église romane

L'art roman.

Pendant les XIe et XIIe siècles l'Europe se couvre d'églises dont les caractéristiques principales sont la voûte en plein cintre ou voûte en berceau sur des murs qui reposent les uns contre les autres, exerçant ainsi une importante poussée latérale soutenue, dans un premier temps, par un dénivellement du terrain. Ce dénivellement sera remplacé plus tard par des contreforts dont l'emploi permettra d'affiner les murs et d'ouvrir des fenêtres plus importantes. Voilà la naissance de cet art qui fut appelé « roman », mais aussi « art du pèlerinage ». En effet, nombreux ont été les monuments construits suivant ses canons, non seulement sur le Chemin de Saint-Jacques, mais encore sur les routes de pèlerinages à travers toute l'Europe.

Petit à petit le style se perfectionne : la voûte de la nef centrale s'élargit et laisse apparaître les arcs doubleaux couvrant les nefs latérales. On ajoute une voûte perpendiculaire qui, dans sa jonction avec la principale, forme la voûte d'arête. On commence à employer l'ogive primitive qui se développera dans l'art gothique ultérieur.

Conscients de la force unificatrice du pèlerinage à Compostelle, le roi Alphonse VI de Castille (1072-1109) et l'ordre des moines de Cluny furent les meilleurs promoteurs du Chemin de Saint-Jacques et par conséquent du développement de l'art roman. Furent ainsi bâtis en Espagne du Nord des centaines de magnifiques monuments, pour la plupart de type religieux comme les églises et cathédrales de **Sangüesa**, **Estella** et **Tudèle** ou le ***monastère* de Leyre**, en Navarre, construits selon le canon de l'abside en tambour. Nous nous arrêtons là dans l'énumération des œuvres romanes que nous approfondirons ultérieurement.

La peinture

En contrepartie de la faible lumière qui réussissait à pénétrer dans les églises romanes, les peintures couvrant les murs étaient de couleurs intenses et vives. Aujourd'hui, et dans la plupart des cas, nous ne pouvons que les imaginer, car elles ont disparu sous des couches successives. La ***basilique de San Isidoro* de León** conserve le cycle le plus complet de peinture romane de l'Espagne. L'ensemble, présidé par un Christ Pantocrator, présente des scènes de la vie de Jésus (le *Massacre des Innocents*, l'*Annonce aux bergers*, l'*Arrestation du Christ*), des scènes de l'Apocalypse, des allégories et des motifs géométriques. Travaillées avec finesse et luminosité, ces peintures figurent parmi les plus intéressants exemples de l'art pictural du XIIe siècle.

La sculpture

Elément essentiel autant à l'intérieur qu'à l'extérieur de l'édifice roman, elle possède une charge symbolique très importante car son thème principal est la gloire de Dieu et du Christ. Son emplacement – chargé aussi de symbolisme – représente, sur les portes et fenêtres, l'abandon du monde profane pour le monde sacré, tandis que les sculptures placées sur les murs et les colonnes signifient le passage du monde sacré vers un autre encore plus élevé, la dimension céleste de Dieu.

Dans l'art roman, comme dans tout art sacré, rien n'est accessoire ou décoratif, mais chaque élément a une fonction déterminée. Ces sculptures, qui peuvent nous paraître aujourd'hui rudimentaires et techniquement pauvres, étaient pour l'époque d'une grande expressivité, puisqu'elles servaient à enseigner au peuple analphabète les passages de la Bible. L'un des éléments fondamentaux de la sculpture romane est la figure du Pantocrator. Cette représentation du Christ Juge en majesté, souvent sculpté sur le tympan semi-circulaire du portail principal, est habituellement entouré du Tétramorphe : représentation des quatre évangélistes avec leurs attributs. Le Chrismon, anagramme du Christ, composé des lettres X et P soulignant l'idée d'absolu, d'éternité, est également un des symboles récurrents de l'art roman.

L'art gothique.

Au XIIIe siècle, les nouvelles concentrations urbaines médiévales ont besoin d'un nouveau type d'édifices, de conception et de dimension différentes de celles du monde féodal antérieur. Les églises s'agrandissent pour recevoir un plus grand nombre de fidèles, la bourgeoisie et la noblesse font construire de magnifiques palais, des bâtiments civils, des hôtels de ville...

A cette époque s'amorce également un changement d'ordre théologique. Une nouvelle importance est accordée au regard (St François d'Assise, St Thomas d'Aquin) et l'art religieux s'en ressent. L'architecture tout particulièrement se modifie en fonction de cette nouvelle vision : l'espace et la lumière vont être mis à l'honneur.

Avec la maîtrise de l'arc brisé ou ogive qui permet de diminuer la poussée exercée sur les murs, les édifices vont pouvoir s'élancer. Les murs s'affinent, se percent de grandes ouvertures et toutes les parois semblent une dentelle de pierre. La façade se scinde en trois grandes portes surmontées d'archivoltes qui s'ouvrent sur les trois nefs longitudinales. Autour de l'autel, la *girola* ou déambulatoire donne au chœur plus de lumière et de profondeur.

Au XIIIe siècle se réalise donc une libération de l'espace qui permet la naissance de l'art des vitraux et des rosaces, et l'apparition de colonnes dépourvues de chapiteaux, pour éviter ainsi la rupture de la ligne ascensionnelle. Le but de cette tendance à l'élévation est aussi symbolique et spirituel : il s'agit de créer chez les fidèles un élan de communication directe avec Dieu.

Les reflets de la lumière : les vitraux.

La naissance de l'art des vitraux est la conséquence directe de cette quête de luminosité caractéristique de l'art gothique.

Le vitrail est un produit que la science moderne n'a pas encore pu analyser dans toute sa complexité : les verres des vitraux gothiques ne laissent pas passer la lumière comme un verre ordinaire (leurs couleurs ne se reflètent pas sur les sols et les murs) mais ils récupèrent cette énergie pour la restituer en de simples vibrations lumineuses qui s'éparpillent avec douceur dans la nef évoquant la lumière divine.

Mais ces vitraux servaient aussi à remplacer les peintures qui couvraient les murs et les voûtes des églises romanes. Dans les églises gothiques, elles sont réduites à quelques retables – par ailleurs magnifiques – représentant des scènes des vies des saints.

Les plus parfaites expressions de l'art gothique espagnol sont, encore une fois, de passage obligé sur le chemin vers Compostelle : Les ***cathédrales* de Burgos** et **León**, l'***église* de Roncevaux** et celle de **Villalcázar de Sirga**, de l'ordre des Templiers. Le Gothique basque a laissé aussi de très beaux exemplaires comme l'église ***San Salvador* de Guetaría**, à trois nefs et plan adapté au terrain ; ou encore les magnifiques ***cathédrales Santiago* de Bilbao** et ***San Vicente* de Saint-Sébastien**.

Un style flamboyant et fleuri

La crise industrielle et commerciale que subissent les villes européennes au XIVe siècle se reflète dans l'art et la culture en général. De nombreuses cathédrales sont de fait restées inachevées (Gérone, Strasbourg, Cologne).

Lorsque les villes sortent de leur marasme, l'art gothique est en pleine décadence : il perd de son harmonie en multipliant les arcs brisés, les voûtes aux nervures entrecroisées et les pinacles alambiqués et tordus comme des flammes. C'est de là qu'il acquiert son nom : gothique flamboyant ou *flamígero*, dont l'essor se prolonge tout au long du siècle suivant.

Ce changement dans l'architecture espagnole du XVe s. se voit surtout sur les façades, qui se chargent à nouveau d'ornements pour ressembler à de véritables retables en pierre, tandis que l'intérieur des édifices maintient sa structure gothique traditionnelle.

En même temps, ces constructions reçoivent l'influence de l'art arabe implanté au sud de l'Espagne, à travers ce qu'on appelle l'art *mudéjar* qui saura se combiner de façon fantaisiste avec le *flamígero*.

Quelques exemples de ce gothique tardif au Pays basque sont le portique de l'***église Santa María* d'Irún**, avec des scènes de la vie de la Vierge ; la ***cathédrale* de Pampelune**, en gothique ogival dont le cloître, remarquable par ses proportions, présente des fenêtres ajourées, des voûtes ogivales simples et des chapiteaux délicatement sculptés.

Mais l'exemple le plus caractéristique et le plus admirable de ce gothique flamboyant est la cathédrale d'Oviedo aux Asturies, commencée au XIVe s. et achevée trois siècles plus tard. Elle possède au-dessus de la porte principale, des sculptures de la Transfiguration et les bustes des rois Alphonse II le Chaste et Fruela Ier. La haute façade de la cathédrale est couronnée par l'une des plus belles tours d'Espagne de la première moitié du XVIe siècle.

Le *Plateresco*, la Renaissance à l'espagnole.

Ce style architectural espagnol apparaît sous les rois catholiques qui privilégièrent le gothique tardif flamboyant et surtout le style décoratif néo-mudéjar, dit « plateresque ». Son ornementation riche et fouillée, concentrée autour des portes et des fenêtres ou dans les parties supérieures des façades, rappelle l'art des orfèvres, des *plateros*.

Il s'agit d'un style hétérogène qui combine art gothique, art musulman et Renaissance italienne. Ce mélange produit un très beau résultat comme en témoignent de nombreux monuments religieux : ***Santa María* de Urribarri** et la façade du ***monastère* de Bidaurreta**, au Pays basque, la ***chapelle de la Misericordia* de Vivero**, à Lugo et surtout la ***cartuja*** (chartreuse) **de Miraflores**.

L'influence du Baroque.

On a longtemps opposé le Baroque, ce mouvement culturel du XVIIe-XVIIIe s. à la Renaissance du XVIe s. En Espagne, il s'agit plutôt d'une évolution logique à travers le maniérisme du Plateresque antérieur.

Le Baroque aspire à être l'art de l'ornement, du déséquilibre, du mouvement. Il veut être grandiose aux yeux du peuple, à travers un excès d'ornementation : des façades renforcées par des saillies, des couronnements de fronton brisés, des colonnes au fût alambiqué (appelées *Salomonicas*, de Salomon) et une abondante décoration, autant à l'intérieur que sur les façades des édifices.

Il ne faudrait pourtant pas oublier que ce style n'est pas toujours démesuré ou confus, mais qu'il sait aussi se revêtir d'un grand sens de la proportion, de la mesure et enfin, de l'élégance.

La Galice toute entière est essentiellement baroque et sa plus belle expression est la ***chapelle del Santo Cristo***, à l'intérieur de la cathédrale d'Ourense.

Les temps modernes.

Si la culture romantique est accueillie en Espagne avec peu d'enthousiasme (seuls quelques écrivains comme **Mariano José de Larra**, **Angel Saavedra**, le **Duc de Rivas** ou **José de Espronceda** pouvaient rivaliser avec les romantiques européens), il n'en fut pas de même pour les courants qui suivirent : le post-romantique et le réalisme.

Durant la deuxième moitié du XIXe siècle, on assiste à un développement des cultures régionales. Parallèlement à la *Renaixença catalane*, la littérature en langue galicienne atteint un moment de plénitude avec l'œuvre des post-romantiques, tels que **Rosalia de Castro**, **Curros Enriquez** et **Lamas Carvajal**.

Le nord espagnol verra naître, dans cette deuxième moitié du siècle, l'œuvre de quelques uns des plus importants romanciers du XIXe s. en Espagne. A travers la peinture des mœurs, ces écrivains dévoilent les particularités de leurs régions : **José María Pereda** (1833-1906) est le grand paysagiste de la montagne (Santander) et **Emilia Pardo Bazán** (1852-1921) de la Galice.

L'existence d'un mouvement impressionniste en Espagne est une question très controversée. A Valence et en Catalogne on assiste à une prolifération de peintres paysagistes, mais la conception de leurs œuvres et le traitement de la lumière ne sont pas tout à fait les mêmes que ceux des artistes français. Au nord, une seule exception à cette règle : le peintre asturien **Darío de Regoyos** (1857-1913). Dans ses nombreux voyages, il va admirer l'œuvre des impressionnistes français et notamment Pissarro. En 1881, il s'installe à Bruxelles où il fait partie des groupes *L'Essor* et *Le cercle des vingt*, ce dernier étant l'introducteur de l'impressionnisme en Belgique. En 1890, Regoyos retourne en Espagne et s'installe au Pays basque, dont les paysages rempliront ses œuvres. Les effets de lumière de sa peinture et la qualité de sa palette feront de lui un avant-gardiste dans l'art du début du XXe s. en Espagne.

A la fin du siècle, une touche pessimiste affecte les différentes manifestations artistiques, ainsi la peinture du basque **Ignacio Zuloaga** (1870-1945). Les tons froids de sa peinture, ses paysages obscurs font écho à l'écriture de la *génération de 98* : à la tête du groupe, les basques **Miguel de Unamuno** (1864-1936) et **Pío Baroja y Nessi** (1872-1956), l'asturien **Leopoldo Alas « Clarin »** (1852-1901), le galicien **Ramón del Valle-Inclán** (1869-1935) dont l'œuvre évolue du modernisme vers l'absurde.

Le XXe siècle

Au début du XXe s. (1900-1935), l'Espagne s'ouvre à l'Europe et découvre l'idéalisme allemand, le Positivisme, le modernisme. Cette période marque l'apogée d'une avant-garde artistique qui aura ses principaux représentants en Catalogne (l'architecte Gaudí, le peintre cubiste Juan Gris), mais qui s'étendra à d'autres régions espagnoles, surtout grâce à l'œuvre des artistes de la *génération de 98*.

1936-1950 est une période de dépression en Espagne où la plupart des intellectuels se réfugient à l'étranger : Unamuno, Miró, Gris ou l'andalou Pablo Picasso. D'autres restent au pays et créent dans une ambiance de forte censure qui ne diminue pas l'extraordinaire qualité de leur travail.

Dès les années 1950, la littérature connaît un certain rayonnement. Les architectes, peintres et sculpteurs, quant à eux, en formant les groupes *Altamira*, *El Paso*, *Equipo 57*, *Hondo...* incarnent les tendances les plus novatrices : art conceptuel, expressionnisme abstrait, néo-réalisme, etc.

L'un des maîtres incontesté de l'art contemporain est le sculpteur **Eduardo Chillida** (né en 1924 à San Sebastián). Ses œuvres sont présentes dans les plus importants musées du monde et ses œuvres publiques ornent les villes du nord espagnol.

Avec le musée Guggenheim à Bilbao, le musée Picasso à Barcelone, le musée Dalí à Figueras, le musée d'art contemporain de la Reine Sofia à Madrid, l'Espagne, à l'aube du 3e millénaire, s'affirme comme l'un des grands centres artistiques du monde.

Comme les autres régions espagnoles, mais sous une forme plus accentuée, les différentes Provinces de l'Espagne verte possèdent et préservent un vaste patrimoine folklorique.

Un pays qui danse.

Les **danses navarraises** participent du caractère fondamentalement masculin des danses basques. Les danseurs sont habillés de blanc, la seule touche de couleur – le rouge – correspond au mouchoir noué autour du cou et à la ceinture ; ils interprètent des danses athlétiques et tumultueuses qui miment souvent une lutte ou un affrontement, perpétuant ainsi les vieilles traditions viriles des Navarrais.

Le **Pays basque** offre toute une variété de danses puisant dans un fond culturel ancien. Elégance, sobriété, hiératisme sont les pendants du caractère viril et sportif des danses basques, dont les exécutions exigent une bonne préparation physique de la part des danseurs. La *spatadantza* ou « danse des épées » illustre ce propos. Les danses basques accompagnent un événement comme l'accueil d'un personnage important (*aurresku*) ou la célébration annuelle d'une confrérie comme la *kaxarranka*, exécutée par huit pêcheurs sur une malle contenant les comptes de l'association et dédiée à son président.

Les instruments de musique qui les accompagnent sont très anciens et peu nombreux. Le plus typique est le *txistu*, flûte à trois orifices qui produit un son aigu et que l'on joue d'une seule main, tandis que l'autre mène le rythme avec le tambourin, l'*alboka*, faite en bois et en corne de bœuf. La *trikitrixa* est quant à elle, un petit accordéon toujours présent dans les orchestres traditionnels.

La **Cantabrie** si austère qu'elle soit sait aussi faire preuve d'une grande vitalité lors des manifestations folkloriques de l'été dans les jardins et les places des villes.

Santander accueille depuis 1952 le festival international de musique

Les sociétés gastronomiques basques

Dans l'Euskal Herria, l'épisode gastronomique joue un rôle décisif dans l'identité et la solidarité des groupes sociaux. Les amis d'enfance se réunissent en *quadrillas* (bandes), qui à leur tour rejoignent d'autres *quadrillas* pour former une société ou *txokos*, nom du salon réhabilité dans le sous-sol d'une maison secondaire disposant d'une cuisine ou d'une cheminée ainsi que de chaises et d'une table.

Leur création serait due au besoin éprouvé par ces hommes de se retrouver entre eux, bien au chaud et non exposés à la pluie et de se régaler en commun à moindre frais. Le nombre des sociétaires varient entre vingt et cent mais aucun statut officiel ne structure l'assemblée, chacun ayant le droit de veto pour l'admission d'un nouveau membre, sachant que les femmes en sont exclues. La fonction de ces sociétés gastronomiques est la recherche des meilleurs produits ainsi que leur assaisonnement suivant des recettes classiques ou innovatrices puis leur dégustation avec un jugement minutieux des préparations. Le tout se passe dans une ambiance de *tertulia* (conversation) où tous les sujets sont abordés sauf la politique.

durant le mois d'août et peut se flatter de recevoir les plus grands musiciens classiques et contemporains, ainsi que les plus illustres chanteurs d'opéra, les meilleurs ballets mondiaux. Ce festival a lieu dans l'enceinte du Palais des Festivals sur la magnifique place Porticada mais s'élargit aussi aux spectacles folkloriques et de tradition populaire qui se déroulent dans l'auditorium, près du quartier du Sardinero ainsi qu'en plein air sur n'importe quelle belle place de Santander.

Dès que nous approchons des **Asturies**, l'influence celte se fait sentir, nous annonçant un folklore imprégné de magie. Un proverbe espagnol affirme : *Gallegos y Asturianos, primos hermanos*, (« les Galiciens et les Asturiens sont des cousins de sang ») et c'est bien le cas pour le caractère culturel des deux régions.

Les nombreux pèlerinages qui se célèbrent dans les Asturies sont toujours accompagnés de danses anciennes et rituelles telle la *danza prima* au rythme lent et qui est interprétée à la fin de chaque fête patronale ou le *xiringuelo*, le *corri-corri* de Cabrales et le *pericote* celtique. Les instruments de musique traditionnels sont la *gaita* (cornemuse), le *pandero* (tambourin) et les *tarreñuelas* (castagnettes).

Enfin la **Galice** dont l'héritage celte est le plus prononcé offre une musique typique avec la *gaita gallega* que Carlos Nuñez, l'enchanteur, sait si bien faire vibrer. La danse la plus représentative de la Galice est la *muiñeria*, danse du meunier, à l'ori-

La Tauromachie côté nord : les *San Fermines* de Pampelune

Même si le « grand jour » est le 7 juillet, le 6 marque le début des festivités avec un grand bal en l'honneur de saint Fermín, saint patron des Navarrais.

Le lendemain, le 7 juillet donc, des milliers de spectateurs se massent sur la petite place de la mairie en attendant le *chupinazo* (le coup) qui, à midi exactement déclenche une explosion de joie populaire et inaugure une semaine de fête. Des cloches sonnent, des voix s'élèvent pour chanter et des danses s'improvisent un peu partout, chacun tenant à la main le foulard rouge traditionnel. Unique au monde, la célébration des San Fermines accueille un nombre incroyable de visiteurs et offre des défilés de *gigantes y cabezudos* (géants et mannequins à grosse tête), des concerts dans les rues, des processions et surtout des corridas qui se déroulent chaque après-midi sur la Plaza de Toros (arènes). Impossible de dormir pendant cette semaine puisque les rues sont envahies à toute heure par des gens qui rient et chantent en buvant à la *bota* (sorte d'outre de vin).

Le point culminant de chaque journée est l'*encierro* : les taureaux qui seront combattus l'après-midi dans les arènes sont lâchés dans une course folle à travers la ville. Sortis des enclos de la Rochapea, ils parcourent la *cuesta* de Santo Domingo (la place de la mairie et les rues du centre historique) pour arriver enfin à la Plaza de Toros. Tout au long du trajet, des jeunes gens suspendus aux grilles des fenêtres attendent l'arrivée des taureaux pour se laisser tomber et se mettre à courir devant le troupeau dans une course frénétique qui laisse souvent des blessés et parfois même des morts. Après sept jours de joute et de folie, quittons Pampelune en chanson en se promettant d'y revenir l'an prochain ! « Uno de Enero, dos de Febrero, tres de Marzo, cuatro de Abril, cinco de Mayo, seis de Junio, siete de Julio, San Fermín ! ».

gine dédiée au soleil et dans laquelle un couple de danseurs miment l'approche amoureuse au rythme des *tamborils* et d'une *copla* (quatrain).

Les chants celtes perdurent à travers les *aturuxos*, véritables cris de guerre accompagnés de la *gaita*, du *pandeiro* (tambourin carré garni de grelots) et des *cunchas* (coquilles St-Jacques frottées l'une contre l'autre). La musique, mais aussi les arts, en général ont su rassembler en leur sein les influences religieuses et les influences profanes qui existent en Galice.

Une gastronomie renommée.

Voyager en Espagne du Nord est l'occasion de connaître et d'apprécier les plats et boissons traditionnels.

A commencer par le **Pays basque**, paradis des gastronomes et dont la cuisine est considérée comme l'une des meilleures au monde.

La morue est à l'honneur sur toutes les tables : *al pil-pil, al ajo-arriero*, à la *viscaya*, en sauce verte, aux épinards, avec une béchamelle... Les *chipirones* (petits calamars) et les sardines font aussi les délices des gourmands comme c'est le cas, côté viande, des *chuletones* (côte de bœuf) de Azpeitia, les *corderos de leche* (agneau de lait) du Goyerri ou encore du *marmitako* (ragoût), et de la *Porrusalda* (sole au vin). Il conviendra de consommer avec ses mets un bon *txacoli* – vin aromatique, acide et de basse gradation alcoolique – ou un superbe *Rioja*, dont les Basques raffolent puisqu'ils en sont les plus grands consommateurs, sans oublier le cidre, plus acide et mousseux que celui des Asturies.

La cuisine navarraise nous permet aussi de goûter des plats de renom : *truchas con jamón* (truites au jambon), *cochinillo asado* (cochonnet rôti), mouton à la basquaise. Il faut déguster le tout avec un bon vin rouge de Tafalla, d'Estella ou de Tudèle, ou bien un rosé de Pampelune ou de San Adrián.

Les plats les plus typiques des **Asturies** sont le *pote* (pot-au-feu), le *farrape* (bouillie de maïs) et surtout la *fabada*, préparée à base de gros haricots blancs, de saucisson très épicé et de boudin, ingrédients auxquels on ajoute encore du chou, des pommes de terre et du saindoux en quantité.

La boisson par excellence est la *sidra* (cidre) que l'on peut découvrir dans les tavernes spécialisées (*chigres* ou *sidreriás*) éparpillées dans toute la province. La *sidra* doit être *escanciada* c'est-à-dire versée dans le verre à un mètre de hauteur afin dit-on de faire respirer le liquide ; le garçon se doit de le faire sans regarder le verre ce qui donne comme résultat des flaques de cidre dans lesquelles les clients pataugent. A ne pas rater !

Bien que la **cuisine galicienne** ne soit pas très élaborée, elle n'en demeure pas moins savoureuse. Pour connaître ses plats régionaux, le mieux est d'aller dans les fêtes et *romerías* ou dans les *tascas* et tavernes pour goûter des *empanadas* (succulentes tourtes farcies), des fromages comme celui d'Arzúa, de Cebreiro, de Reira ou le *Tetilla* dont le nom provient de sa forme en téton ! Le célèbre *Pulpo* à la galicienne (poulpe coupé en morceaux et préparé avec de l'huile d'olives, du sel et du piment) est à recommander.

Les plateaux de fruits de mer sont royaux et de toute fraîcheur en raison des arrivages quotidiens ! Le cochon est aussi à la base de plusieurs recettes comme le *lacón con grelos* (lard, feuilles de navets et pommes de terre).

Les vins de Galice sont nombreux et de grande qualité comme l'Albariño (vin blanc primé issu du Salnés et qui peut rivaliser avec les grands crus de Bordeaux et de Bourgogne). On trouvera aussi le Ribeiro, le Valdeorras, l'Amandi de la Ribeira Sacra, le Condado de Pontevedra, les vins de Chantada et ceux de la vallée du Rosal, etc.

Fêtes traditionnelles.

Pour comprendre l'âme des régions du nord, il faut s'introduire au cœur de leurs fêtes, dont l'origine remonte souvent à l'époque médiévale.

La pelote basque

De tous les jeux et sports basques, la reine reste la pelote, qui s'est propagée non seulement dans toute la Péninsule ibérique mais aussi dans le monde entier. De toutes les variantes qui se sont succédées au cours de l'histoire, survivent avec succès celles qui se pratiquent sur un mur frontal collé à un autre sur sa gauche, faisant angle avec le premier. C'est ce que l'on appelle le fronton classique. La balle lancée contre la paroi doit rebondir sur un point précis du terrain de jeu (*cancha*). On peut jouer à la main, à la palette ou à la *cesta-punta*, c'est-à-dire à l'aide d'une *chistera*, objet creux et courbe fabriqué en osier, qui sert à prolonger la main et à envoyer ou réceptionner la balle.

Les *traineras*

Sur la côte basque, le sport le plus suivi reste la régate ou la compétition de *traineras*, héritière directe des anciennes embarcations de pêche et conduite aujourd'hui par douze ou treize rameurs, dirigés par un patron. Dans ces compétitions qui ont lieu pendant l'été, participent les équipages de toute la Côte cantabrique, Santander inclus.

Le Far West à la Galicienne : La Rapa das Bestas

La Galice possède une fête séculaire où les chevaux sauvages sont à l'honneur. Cette tradition trouve ses origines au XVIe s. lorsque deux vieilles dames voulant échapper à la peste qui sévissait dans le pays demandèrent la grâce de San Lorenzo, saint patron du village. Epargnées par la maladie, elles offrirent au saint un couple de chevaux en signe d'offrande et de remerciement.
Depuis, le village de San Lorenzo de Sabucedo fête la *Rapa das Bestas* le premier dimanche de mai. La messe matinale finie, les villageois se rendent en haut de la montagne pour y chercher les chevaux sauvages et les faire descendre jusqu'au village. Les chevaux parcourent les rues affolés pour être finalement enfermés dans le *curro* (sorte d'arène taurine) serrés les uns contre les autres. Les hommes se jettent au milieu des bêtes pour, dans un terrible corps à corps, les marquer en leur coupant le crin. Ce sont les chevaux de San Lorenzo qui seront libérés à nouveau dans la montagne jusqu'à l'année suivante.

Un pays de magie et de légendes.

Les régions du nord ont su conserver des croyances parfois déconcertantes à l'aube du XXIe siècle. Leur lumière tamisée et douce nous annonce cet univers magique où les légendes racontées à la chaleur du foyer continuent à passer de génération en génération sans pour autant créer un anachronisme mais une touche d'originalité dans un monde où le rationalisme moderne a envahi cœurs et esprits.
C'est ainsi que sorcières et génies animent les récits et que des êtres étranges mi-animaux, mi-humains hantent les bois, les montagnes et les routes de ces régions.

Le *Cuelebre* des Asturies

Cette figure de légende porte les attributs de différents animaux et possède aussi des allures humaines (puisqu'il porte aux pieds les typiques *madroños*, ces anciennes galoches de bois portées autrefois à la campagne) serait connu pour déranger les couples solitaires et les enfants n'ayant pas été sages !

La Galice, terre de mystère

Cette région offre des contes et légendes à pléthore. Prenons pour exemple celle de San Andrés de Teixido qui raconte comment un jour, saint André se plaignant devant le Seigneur de son isolement dans ces terres si lointaines de Galice réussit à obtenir de Dieu la promesse que quiconque n'irait pas lui rendre visite, le ferait après sa mort ! Aujourd'hui encore l'église San Andrès reçoit chaque année un nombre très important de pèlerins prévoyants, qui s'y rendent au cas où, on ne sait jamais!

RENSEIGNEMENTS PRATIQUES

Se rendre en Espagne du Nord.

En avion

C'est le moyen de locomotion le plus pratique pour venir sur la côte atlantique lorsqu'on part de Paris. Rapide mais cher car ces destinations ne sont pas les plus fréquentes. Souvent il faut prendre la correspondance pour l'une ou l'autre des villes d'Espagne du nord, Iberia s'octroyant l'exclusivité des vols intérieurs. A partir de Paris, vols pour Bilbao une fois par jour ainsi que pour St-Jacques-de-Compostelle (sauf le samedi). Renseignements à Iberia au 0 802 075 075 ou 36 15 Iberia.

Cependant, Air France affrète des vols réguliers pour Bilbao à partir de l'aéroport Roissy Charles de Gaulle (Paris), mais aussi à partir de Bordeaux, cinq fois par semaine. Contacter Air France au 0 802 802 802 ou 36 15 AF.

Vols intérieurs : il en existe plusieurs comme Aviaco, Air Europa (en Espagne, au 91 542 73 38), Spanair (en Espagne, au 902 13 14 15), etc. qui permettent la jonction avec les aéroports de Pampelune, de San Sebastián, de Santander, d'Avilés, de La Corogne, de Vigo et de Lavacolla pour Santiago.

En train

A moins de rejoindre Madrid ou Barcelone par liaisons directes avec le Talgo (train rapide et confortable), la plupart des trains doivent s'arrêter à Irún pour la correspondance. Liaisons quotidiennes au départ de Paris Austerlitz mais aussi de Toulouse pour Irún. Possibilité de se procurer une carte Inter Rail dans tous les guichets afin de bénéficier de réduction sur toutes les destinations. Pour les longues distances, il est conseillé de réserver à l'avance. Renseignements à la SNCF au 08 36 67 68 69 et réservations au 08 36 35 35 35 ou minitel 36 15 SNCF ou encore sur Internet www.sncf.fr.

Prendre *El Topo* à Hendaye pour aller à San Sebastián (ne dure que quelques minutes). Le réseau fonctionne bien au Pays basque (Cie ET : tél. 943 45 01 81) mais les dessertes sont plus limitées à l'ouest en raison du relief. Toutefois, il est possible de voyager sur 1 005 km grâce au *Transcantábrico*, lequel utilise l'ancienne voie destinée au transport de matières premières des montagnes de León jusqu'aux aciéries basques et longe la côte de San Sebastián à St-Jacques-de-Compostelle, et permet de découvrir ainsi les magnifiques paysages du nord comme les Picos de Europa, Santander, Santillana del Mar, etc. Ce train propose des voitures-salons et des couchettes équipées de cabinets de toilette mais aussi des animations pour le soir dignes de l'Orient Express ! Se renseigner dans les gares desservies et déjà citées.

RENFE : 8, bd Poissonnière 75 009 Paris, tél. 01 48 01 97 80 pour le trafic ferroviaire intérieur de l'Espagne. Contacter aussi Iberrail en Espagne au 93 310 15 12.

FEVE est une autre compagnie de train (en Espagne, tél. 98 534 24 15) : possibilité dans l'une et l'autre compagnie d'acheter un forfait rail, le Pass Eurodomino qui permet de circuler 3, 5, 10 jours et ce, pendant un mois à des tarifs intéressants (valable dans les autres pays européens).

En voiture

Prendre l'autoroute Paris-Bordeaux-Bayonne-Hendaye (A 10), puis l'A 8 jusqu'à Bilbao et Santander, continuer par la départementale 634 qui va à Oviedo tandis que la 632 continue jusqu'à Gijón. La 634 rejoint Luarca, Ribadeo, Villalba, prendre ensuite la E 70 qui mène à La Corogne. De La Corogne à Vigo, utiliser le seul tronçon d'autoroute, la A 9, laquelle passe par St-Jacques-de-Compostelle.

Pour aller à Pampelune, bifurquer à partir d'Irún par l'autoroute ou, si l'on vient de Toulouse et Pau, traverser les Pyrénées par le col du Somport et prendre la route qui passe par Berdún, Sigües, Lumbier, Monreal et rejoint Pampelune.

Formalités.

Pour les ressortissants de la CEE la carte nationale d'identité (en cours de validité) suffit.

Époque du voyage.

L'été reste la période préférée des touristes. Le beau temps est au rendez-vous et les températures sont très douces de juin à septembre. C'est aussi l'époque des fortes affluences sur les plages, dans les grands musées, sur les chemins de randonnées, etc. Ceci dit, les foules sont moins oppressantes que sur les rivages méditerranéens et il est toujours possible de trouver un petit coin tranquille. Le printemps et l'automne restent agréables, la végétation se revêtant, soit de fleurs, soit de sa parure dorée. L'hiver, le ski se pratique sur les versants des Pyrénées, sur ceux de la chaîne cantabrique ou encore en Galice mais cela n'a rien à voir avec les stations alpines.

Adresses utiles à Paris.

Office de tourisme espagnol : 43, rue Decamps 75 784 Paris Cedex 16. Tél. : 01 45 03 82 50 ou fax : 01 45 03 82 51 ou minitel 36 15 Espagne.
Consulat d'Espagne : 165, bd Malesherbes 75 017. Tél. : 01 47 66 03 32
Institut Cervantès : 11, avenue Marceau 75 116. Tél. : 01 47 20 70 79
Librairie Astrolabe : 46, rue de Provence 75009. Tél. : 01 42 85 42 95

Petite bibliographie.

Euskal Herria, textes de L.P. Pena Santiago, photographies de Didier Sorbet, Editions de Fauconpret.
Le chemin des étoiles, en marche vers St-Jacques-de-Compostelle, Jean-Yves Grégoire, Rando Edition.
Passants de Compostelle, Jean-Claude Bourlès, Collection Voyageurs, Payot.
Compostelle le grand chemin, Xavier Barral Altet, coll. Découverte Gallimard.
Le voyage en Espagne, anthologie des voyageurs français du XVIe au XIXe siècles, B. Bennassar, R. Laffont.
Histoire de l'Espagne, Josep Pérez, Fayard, 1996.
Le village perdu, Palacio Valdés (1911), où l'auteur raconte la révolution provoquée par le développement industriel dans la région des Asturies.

Séjourner sur la côte nord atlantique.

Hébergement

Il existe pour la région toutes les catégories d'hôtels et autres structures d'accueil (*fondas, casas de huéspedes, hospedajes, pensiones, hostales, residencias*).
Mais les *Paradores* restent ce qu'il y a de plus luxueux, de plus monumental, car ce sont des anciens châteaux, de véritables hospices, des couvents,

Tableau des températures moyennes				
	Décembre	Mai	Juil.-Août	Sept.-Oct.
Bilbao	**10°**	**14°**	**20°**	**17°**
Galice intérieure	**7°**	**16°**	**23°**	**19°**
Vitoria	**5°**	**12°**	**18°**	**17°**
Pampelune	**6°**	**15°**	**23°**	**19°**

des palais restaurés qui ont été regroupés dans une chaîne hôtelière. En Espagne du Nord, les *Paradores* les plus impressionnants sont à Hondarribia, en Guipúzcoa, l'hôtel-château, El Emperador, du Xe siècle, à Pontevedra, le palais Renaissance, Casa del Barón, du XVIe siècle, à Santillana del Mar, le manoir de style régional Gil Blás et à St-Jacques, l'ancien hôpital royal, Los Reyes Católicos, cinq étoiles ! Centrale de réservation des *Paradores* en France : 4, rue du Faubour-Montmartre, 75009 Paris, tél. : 01 53 34 40.

Pour les autres hôtels, se procurer dans les agences de tourisme des brochures mises à jour ou acheter en librairie l'annuaire national des hôtels.

Restaurants

Le guide Gourmetour, disponible sur place, publié annuellement donne des informations pour l'ensemble de l'Espagne. Se reporter à notre sélection de restaurants dans les encadrés : « Bien vivre à… ». Mais rien n'est plus agréable que de trouver soi-même une bonne petite adresse au fil de ses déambulations !

N'oubliez pas que dans un restaurant espagnol, le *primero* désigne l'entrée, le *segundo*, le plat principal et le *postre*, le dessert. N'hésitez pas à prendre l'apérif local en dégustant des *tapas*, petits assortiments de crevettes, de calamars frits, d'olives, de dés de jambon et de fromage, etc. Après une nuit blanche passée à faire la fête, les Espagnols savourent des beignets, les *churros*, avec un chocolat très épais avant d'aller dormir.

Circuler en Espagne du Nord.

En train

C'est une façon commode de voyager pour un prix raisonnable. Mais la Galice reste mal desservie.

En car

C'est avec un plaisir indicible que l'on prendra l'autocar car, c'est un moyen de se déplacer bon marché et qui permet de rencontrer les habitants de la région. Parmi les nombreuses lignes de car, et à titre d'exemple, la liaison Madrid-La Corogne dure neuf heures avec arrêts. Se renseigner dans les gares routières.

En voiture

La vitesse est limitée à 120 km/h sur les voies rapides, 100 km/h sur les routes et 60 km/h dans les agglomérations. La vigilance s'impose lors de la traversée d'un village ou sur une petite route de campagne car les troupeaux traversent sans crier gare ! Pour conduire une voiture de location, il faudra vous munir d'un permis de conduire international.

Circuler dans les grandes villes.

En bus ou métro

Les lignes de bus desservent très bien les centres urbains. Pour se procurer les plans des lignes et les horaires, se rendre dans les offices de tourisme (en général, ils circulent de 5h à 22h30, jusqu'à minuit pour Bilbao). Achat de tickets à l'unité ou de cartes hebdomadaires. Bilbao possède un métro, mais il n'y a qu'une seule ligne qui passe par le vieux quartier et qui est fermé la nuit ; tickets en vente aux guichets de chaque station à l'unité ou par carnets de 10).

En taxi

Les taxis jaunes et noirs sont nombreux et leurs tarifs ne sont pas prohibitifs. S'il n'y a pas de compteurs, les chauffeurs ont une liste de prix préétablis pour chaque destination.

En voiture

La voiture en centre-ville est déconseillée en raison des embouteillages et des difficultés de stationnement. Il vaut mieux privilégier la marche et les transports urbains et éviter des soucis inutiles. Attention, au Pays basque, les vols et effractions des voitures sont assez courants pour les véhicules immatriculés en France, lesquels sont la proie d'un vandalisme particulier.

L'Espagne du Nord : de A à Z.

Adresses utiles

Les offices de tourisme des grandes villes :

En Navarre, Pampelune : calle Duque de Ahumada, 3, tél (948) 22 07 41, Puente la Reina : Plaza de Mena, 1, (948) 34 00 07.

Au Pays basque, San Sebastián : calle Reina Regente, théâtre V. Eugenia, tél. (94) 342 62 82. Bilbao : Arriaga 1, tél. 901 300 600, Vitoria : Avenida de Gasteiz, tél. (94) 516 15 98.

En Cantabrie-Asturies, Oviedo : Plaza de Alfonso Iiel Casto, 6, tél (98) 521 33 85, Santander, Estación Marítima, tél. (942) 31 07 08.

En Galice, St-Jacques-de-Compostelle : calle Rua do Villar 43, tél. (981) 58 40 81, Vigo : estación marítima, tél. (942) 31 07 08, La Corogne : Dársena de la Marina, tél. (981) 22 18 22.

Argent

La monnaie du pays est la peseta (PTA). Les pièces vont de 1 à 500, les billets de 1 000, 2 000, 5 000 à 10 000. Les banques sont ouvertes de 8h à 14h, du lundi au vendredi. Les cartes internationales sont acceptées (Visa, Master card, etc.). Le change se fait dans les hôtels, les bureaux de change. Eviter les endroits trop touristiques pour ce faire, les tarifs y sont toujours plus élevés.

En attendant l'Euro, le taux de change fixe est de 1 peseta = 4 centimes français.

Horaires

L'Espagne vit en décalé par rapport aux horaires français. Tout commence plus tard et finit plus tard. Le repas de midi se prend traditionnellement vers 14h et celui du soir pas avant 22h.

Cependant, le Pays basque ne suit pas la règle, les horaires restent proches de ceux que l'on connaît en France. La sieste n'est pas une habitude indispensable comme dans le centre et le sud, car les températures restent agréables l'été dans cette partie de la Péninsule.

Jours fériés

Ils suivent la liturgie religieuse en général. Le 1er janvier – 6 janvier, *Los Reyes* (Epiphanie) – 19 mars : St-Joseph – Jeudi et Vendredi saints – Pâques – 1er mai – la fête-Dieu (à Oñate, la Tolède basque) – 24 juin : St-Jean – 25 juillet : St-Jacques-de-Compostelle (Année Sainte tous les sept ans, donc en 1999) – 15 août (à Luarca, *procesión del Rosario*) – 12 octobre : fête nationale – 8 décembre : Immaculée Conception – 25 et 26 décembre : Noël.

Fêtes régionales

L'Espagne est un pays qui aime s'amuser et où on recense presque une fête par jour ! On célèbre les fêtes de mai, les fêtes du cheval, les fêtes gastronomiques, les fêtes du vin, le folklore local, les pèlerinages, les fêtes du taureau, les fêtes maritimes et les fêtes religieuses !

A ne pas rater :

Irún, le 30 juin, la St-Martial demeure une fête célèbre, elle attire une foule innombrable.

La Estrada, le 1er dimanche de mai, *la Rapa das Bestas*.

Pampelune, le 7 juillet, la San Fermín (courses de taureaux).

Bilbao, le 15 août, inaugure la *Semana Grande*, qui est l'occasion de festivités dans toute la ville, durant sept jours.

Poste

Les timbres (*sellos*) s'achètent dans les bureaux de poste ou les tabacs.

Pourboires

Se dit *propina*, il n'est pas obligatoire et reste au bon vouloir des clients.

Téléphone

Les cabines publiques fonctionnent avec des pièces de 25, 50, 100 PTA ou avec une carte téléphonique (*Tarjeta telefónica*) qui s'achète dans les bureaux de tabac (*estancos*) ou dans les agences de la Compagnie Telefónica.

Service de renseignements téléphoniques en Espagne : 003.

Pour appeler d'une Province à une autre, composer le bon indicatif et pour joindre quelqu'un en France, composer le 07 33 avant le numéro mais supprimer le 1er chiffre de la numérotation française.

Appeler à l'étranger par l'intermédiaire d'une opératrice : 008 (en Europe), 005 (hors Europe).

Urgences

Police : tél 091 – SAMU : tél 061 – Pompiers : tél au 080.

Petit lexique français-espagnol-galicien

Lorsqu'on se déplace en Espagne, parler quelques mots de castillan ainsi que faire l'effort de s'exprimer dans les autres langues régionales est très apprécié car cela démontre un désir d'altérité de votre part et cette initiative n'en sera que récompensée par la gentillesse des gens du cru.

Je voudrais savoir comment on appelle cela en galicien ? Quisiera saber como se llama esto en gallego ? *Gustaríame saber como se chama esto en galego ?*

Comment vous appelez-vous ? Cómo se llama usted ? *Como se chama vostede ?*

Parlez plus lentement s'il vous plaît. Hable más despacio por favor. *Fale mais despacio por favor.*

Parlez-vous français, espagnol, anglais ? Habla usted francés, castellano, inglés ? *Fala vostede francés, español, inglés ?*

Je ne comprends pas. No entiendo. *Non entendo.*

Quelqu'un parle-t-il français ? Hay alguien aquí que hable francés ? *Hai alguén aquí que fale francés ?*

Aidez-moi s'il vous plaît ! Ayúdeme por favor ! *Axúdeme por favor !*

Vite, appelez un docteur ! Llame a un médico, deprisa ! *Chame a un medico, deprisa !*

Oui/ non. Si/ no. *Si/ non.*

Merci beaucoup. Muchas gracias. *Moitas gracias.*

S'il vous plaît. Por favor. *(idem).*

Bonjour. Buenos días. *Bos días.*

Bonjour (ap.-midi). Buenas tardes. *Boas tardes.*

Bonsoir. Buenas noches. *Boas noites.*

Au revoir. Adios. *Adeus.*

A bientôt. Hasta la vista. *Hasta logo.*

Hier. Ayer. *Onte.*

Aujourd'hui. Hoy. *Hoxe.*

Demain. Mañana. *Mañán.*

Avez-vous une chambre libre pour la nuit ? Tiene usted alguna habitación libre para esta noche ? *Ten vostede algunha habitación libre para esta noite ?*

A quelle heure peut-on déjeuner (le matin, à midi) et dîner (le soir) ? A qué hora se puede desayunar / almorzar / cenar ? *A qué hora se pode comer, cear ?*

Chaud. Caliente. *Quente.*

Froid. frío. *(idem).*

Combien est-ce ? Cuánto cuesta ? *Canto vale ?*

C'est cher. Es caro. *É caro.*

C'est bon marché. Es barato. *É barato.*

Ouvert. Abierto. *Aberto.*

Fermé. Cerrado. *Pechado.*

Tôt. Temprano. *(idem).*

Tard. Tarde. *(idem).*

Où est... ? Donde está ? *Onde está ?*

Je cherche. Busco. *(idem).*

J'ai besoin. Necesito. *(idem)*

La rue. La calle. A *rúa.*

L'avenue. La avenida. *A avenida.*

La promenade ou les allées. El paseo. O paseo.

La route. La carretera. *A estrada.*

L'autoroute. La autopista. *A autoestrada.*

La ville. La ciudad. *A cidade.*

LE CHEMIN DE SAINT-JACQUES-DE-COMPOSTELLE

Le Chemin de St-Jacques ou « Chemin des Etoiles », est un nom évocateur pour un pèlerinage qui acquiert à nouveau toute son importance dans une Europe en cours d'unification. Chaque année des milliers de voyageurs et de pèlerins décident de marcher sur plus de mille kilomètres (parfois, beaucoup plus) pour aller à la rencontre d'une légende alimentée au long des siècles, en suivant un itinéraire dont le paysage est imprégné d'un halo de spiritualité et dont les pierres sont à la fois histoire et élan artistique.

De l'histoire à la légende.

A travers les Ecritures saintes et dans Le Livre des Apôtres nous apprenons que Jésus invita **Jacques le Majeur** et son frère, Jean l'Evangéliste, à devenir des « pêcheurs d'hommes » pour diffuser la Bonne Parole. A la mort du Christ, Jacques part évangéliser les peuplades Celtibères dans l'actuelle Espagne. Un document du XIIIe siècle raconte sa présence en Hispanie et l'échec de sa mission, car il n'y fera que... deux disciples ! Ceux-ci l'accompagnent ensuite en Terre Sainte , où il est fait prisonnier et condamné à mort vers 41-44 ap. J.-C.

C'est ici qu'histoire et légende se confondent pour donner lieu à de multiples récits empreints du merveilleux propre au Moyen Age. Au VIIIe s., la « lettre du Pape Léon » raconte qu'après le martyre du saint, ses compagnons placent son corps dans une barque qui échoue, 7 jours plus tard, en Galice. Ils le déposent alors sur une grande pierre, celle-ci cède comme de la cire et se transforme en sarcophage Les deux disciples auraient ensuite souffert le martyre et auraient été enterrés dans le même mausolée à côté du corps saint. La lettre se finit par une invitation à la visite du tombeau de saint Jacques.

Au XIe s., la *Concordia de Antealtares* (1077) raconte que, vers l'an 814, dans le diocèse d'Iria Flavia, l'ermite Pelayo ou Pelagius (Pélage), eut une « révélation divine » où Dieu lui indiquait l'emplacement du tombeau de Saint-Jacques. La nouvelle se répandit dans le royaume des Asturies et de Galice. Le roi Alphonse II (789-842) y fit édifier une église et la renommée du sanctuaire gagna peu à peu toute la chrétienté. Ce fut le début des pèlerinages à Compostelle.

Le Campus Stellae.

« Compostelle » a été un toponyme très controversé, car la plupart des explications données répondaient au besoin de l'identifier à la découverte du tombeau de saint Jacques. L'interprétation la plus répandue est celle qui fait de Compostelle le *Campus Stellae*, le « Champ de l'étoile », en référence à l'étoile qui annonca l'endroit où se trouvaient les restes de l'Apôtre. Une autre interprétation trouve son origine dans le mot *Compositum*, « Cimetière » ou « enterré », qui ferait aussi référence au tombeau du saint.

LA COQUILLE ST-JACQUES

Dans l'Antiquité, la coquille était considérée comme symbole d'amour et de bonne chance. La tradition chrétienne préserve ce caractère bénéfique en l'associant au culte de St-Jacques à travers un récit légendaire : dans un moment d'inattention, un chevalier se précipita dans les eaux agitées de la mer au moment où passait la barque transportant le corps de St-Jacques. Par l'intercession du saint, les eaux s'apaisèrent et l'on vit alors chevalier et cheval sortir de la mer, vivants et couverts de coquilles St-Jacques.

C'est ainsi que ce coquillage, au début rapporté comme simple souvenir, devint le symbole du pèlerinage accompli.

Une troisième possibilité, documentée par des textes du Moyen Age, tels le *Cronicon Iriense* (XIe-XIIe s.) ou les *Chroniques de Sampiro* (XIIe s.) mène jusqu'à l'origine de *Compositum tellus*, c'est-à-dire, « terre bien faite ».

Les emblèmes du pèlerin.

L'équipement du pèlerin s'est précisé au fil des siècles. Quelques attributs indispensables au Jacquet du Moyen Age étaient le ***bourdon*** (bâton du pèlerin) qui servait d'arme contre les bêtes et les brigands mais surtout d'appui pour la marche, la ***gourde*** ou la ***calebasse*** pour garder quelques boissons, la ***besace***, petit sac en peau de bête pour ranger la réserve de pain, portée en bandoulière.
Le ***mantelet*** ou ***pèlerine***, sorte de grande cape, recouvrait le voyageur jusqu'aux pieds, protégeant ainsi ses habits tandis que le ***chapeau de feutre*** à larges bords coiffait sa tête (ces deux attributs sont apparus au cours du XVe s.). Et pour finir, les voyageurs étaient chaussés de ***sandales***. Aujourd'hui ces éléments ont été adaptés à notre époque mais la ***coquille*** reste toujours l'emblème du pèlerin car elle est depuis très longtemps obtenue une fois le pèlerinage accompli, et cousue ensuite sur le chapeau, sur la pèlerine ou bien accrochée au bourdon.

Le pèlerin de Saint-Jacques

Les préparatifs avant le départ.

Les étapes

Le Chemin est un parcours ouvert, chacun commence là où il veut, en adaptant les étapes à son goût. Nous proposons des étapes de 25-30 km par jour parce que le corps finit par s'adapter à ce rythme-là. Mais il est entendu que cela reste une simple suggestion.

Choisir le moment

Du point de vue du temps, le printemps et l'automne sont les meilleurs moments pour réaliser le pèlerinage. L'hiver est à exclure car les cols sont enneigés et les conditions météorologiques en général mauvaises tout au long de la Route. Pendant l'été les cas d'insolation et déshydratation sont nombreux, surtout lorsqu'on arrive aux étapes qui traversent la Meseta, où le soleil est de plomb pendant des kilomètres et des kilomètres.

L'équipement

Une règle fondamentale à respecter : le portage doit être léger (entre 10 et 12 kg maximum).
Le marcheur devra prévoir seulement quelques habits (un gros pull, une veste coupe-vent, un imperméable et un couvre-chef ou chapeau contre le soleil). Un sac de couchage et une couverture de survie sont indispensables, dans les refuges on dort souvent par terre, plus une trousse de toilette et une autre à pharmacie. Le choix d'une bonne paire de tennis aux semelles antichoc ou d'une paire de chaussures de randonnée légères est conseillé, mais attention, jamais du neuf ! Vous risqueriez d'avoir des surprises. Vous voilà, donc, prêts à partir et à commencer cette aventure tant spirituelle que sportive.

L'art dans les étapes du Chemin.

Première étape

Pour commencer ce parcours, il existe deux voies : l'Aragonaise et la Navarraise. La première est plus agreste, plus sauvage ; la deuxième est plus facile car elle a moins de kilomètres, elle est aussi plus usitée.

La voie aragonaise

Selon le *Codex Calixtinus*, la voie Tolosane entre en Espagne par le **Col du**

Somport que le pèlerin franchit chargé des souvenirs récents du Midi français, ce pays où les légendes cathares et les chansons des troubadours trouvent leur plus belle expression dans la langue des oiseaux, la langue d'Oc.

On passe tout d'abord par **Villanúa**, **Castiello de Jaca** et on arrive à l'***Arbol de la Salud*** (Arbre de la Santé), endroit marqué par un *crucero* (croix de pierre). Jaca se trouve à 1km et demi.

JACA

C'est l'un des points importants du Chemin. La ***cathédrale***, construite entre 1040 et 1063 sous le règne de Ramire Ier, constitue l'un des plus anciens monuments d'art roman d'Espagne. La première impression peut être mitigée car sa tour massive et carrée, et son allure imposante, empêchent d'apprécier d'emblée la richesse de ses détails.

Le magnifique portail ouest présente quatre chapiteaux dont trois sont historiés et où les éléments classiques se combinent à des éléments d'influence musulmane. Le portail sud conserve aussi une très belle série de chapiteaux. En particulier, celui qui supporte le tympan est considéré comme le chef-d'œuvre de la sculpture de la cathédrale. Taillé d'une main de maître, il représente le sacrifice d'Isaac au moment où son père lève l'épée meurtrière. Les chapiteaux sont ici un résumé parfait de l'histoire de la sculpture romane, qui mélange des motifs végétaux (d'influence mozarabe), animaliers et historiés.

Conçue sur un plan basilical, la cathédrale présente trois nefs et trois absides qui s'ouvrent sur le transept. C'est précisément à la croisée du transept que l'on découvre l'extraordinaire coupole, sphère parfaite d'influence mozarabe. Sept chapelles, toutes postérieures au XVe s., offrent un très bel exemple de décoration plateresque.

Avant de quitter la cathédrale, on admirera les fresques romanes conservées au ***musée diocésain*** situé dans la salle capitulaire de l'édifice. Si l'on dispose d'un peu de temps, le ***pont médiéval de San Miguel***, sur la rivière Aragón, et la ***Citadelle de Philippe II***, conservée dans son intégralité, méritent bien le détour.

L'arrivée de pèlerins à Castrojeriz

Les kilomètres défilent et le pèlerin laisse derrière lui les montagnes pour trouver le petit village de **Puente la Reina** (à ne pas confondre avec l'autre Puente la Reina navarrais, point de rencontre de toutes les voies du pèlerinage).

Ici, deux alternatives se présentent, mais aucune des deux n'appartient au chemin originel (submergé sous les eaux du barrage de Yesa).

La route qui passe à droite du barrage est le choix le plus touristique, car il permet de faire halte à **Berdún** et de savourer ses célèbres gâteaux russes. Plus tard, cette même route conduit jusqu'au ***monastère de San Salvador*** **de Leyre** (VIe s.). Lorsqu'on arrive au monastère une sentiment de plénitude s'empare du pèlerin. La lumière, le silence et la solennité de l'édifice font ressentir la puissance profonde d'un haut lieu spirituel. La partie la plus ancienne du monastère est la crypte, dont les arcs en plein cintre témoignent d'un roman primitif. En y pénétrant, l'impression est saisissante : une véritable forêt de colonnes aux chapiteaux démesurés, sculptés de motifs végétaux emplit tout l'espace. Dans l'église, qui présente une partie romane avec des absides du XIe s. et une partie gothique du XIVe s., on pourra entendre les chants grégoriens des moines.

Leyre

Isolée et située entre la vallée et la *sierra*, elle reçoit, aujourd'hui, comme il y a des siècles, les pèlerins en toute simplicité et convivialité. Les moines bénédictins permettent au voyageur de visiter le monument à son gré, à la seule condition de ne pas perturber leur vie retirée. Ils mettent aussi à disposition un hébergement.

La deuxième alternative à partir du barrage de Yesa, représente une option plus « verte ». On traverse des chemins, des pistes, des sentiers sur 55 km jusqu'à Sangüesa.

Sangüesa

Celle-ci possède l'***église de Santa María la Real***, un parfait exemple de tension entre l'art roman et la naissance de l'art gothique. Les trois différents moments de sa construction sont visibles. Ainsi, les absides et les chapiteaux des fenêtres appartiennent à un roman de pur style, tandis que le magnifique portail sculpté du XIe s. présente déjà des éléments de transition. Les voûtes et les nefs sont gothiques (XIIe s.), mais la coupole et le clocher appartiennent à un style plus tardif (XIVe s). Après la visite de ce chef-d'œuvre, on peut se promener dans cette ville qui accueille les pèlerins avec sympathie, même si les hôtels ne sont pas nombreux. Parmi les quelques églises de la ville, l'***église romane de Santiago*** mérite bien un petit détour.

Une fois sur le chemin qui mène à **Sos del Rey Católico**, une autre église mérite attention : ***San Adrián* de Vadoluengo**, consacrée en 1141, et refuge des bénédictins de Leyre, lors de leurs disputes avec les cisterciens au

L'Itinéraire. Le *Codex Calixtinus*.

Le premier et plus ancien « guide touristique » sur le pèlerinage à Compostelle est le *Liber Sancti Jacobi*, rédigé en latin entre 1130 et 1140 par un moine poitevin, Aimery Picaud. Le manuscrit original (conservé aux archives du chapitre de la cathédrale de Compostelle) est aussi connu sous le nom de *Codex Calixtinus*, à cause de la lettre du Pape Calixte II qui lui sert de préface. Le *Codex Calixtinus* représente un document historique exceptionnel qui offre de nombreux renseignements et conseils pratiques aux pèlerins: il décrit les terres qu'on traverse, les gens qu'on rencontre, les sanctuaires qu'il faut visiter, les reliques à vénérer…

Il indique aussi les principaux itinéraires à suivre : « Il y a quatre routes qui, menant à Saint-Jacques, se réunissent en une seule à Puente la Reina, en territoire espagnol ; l'une passe par Saint-Gilles (du Gard), Montpellier, Toulouse et le Somport ; une autre par Notre-Dame du Puy, Sainte-Foy de Conques et Saint-Pierre de Moissac ; une autre traverse Sainte-Marie-Madeleine de Vézelay, Saint-Léonard en Limousin et la ville de Périgueux ; une autre encore passe par Saint-Martin de Tours, Saint-Hilaire de Poitiers, Saint-Jean d'Angély, Saint-Eutrope de Saintes et la ville de Bordeaux. La route qui passe par Sainte-Foy, celle qui traverse Saint-Léonard et celle qui passe par Saint-Martin se réunissent à Ostabat et après avoir franchi le col de Cize, elles rejoignent à Puente la Reina celle qui traverse le Somport ; de là un seul chemin conduit à Saint-Jacques. »

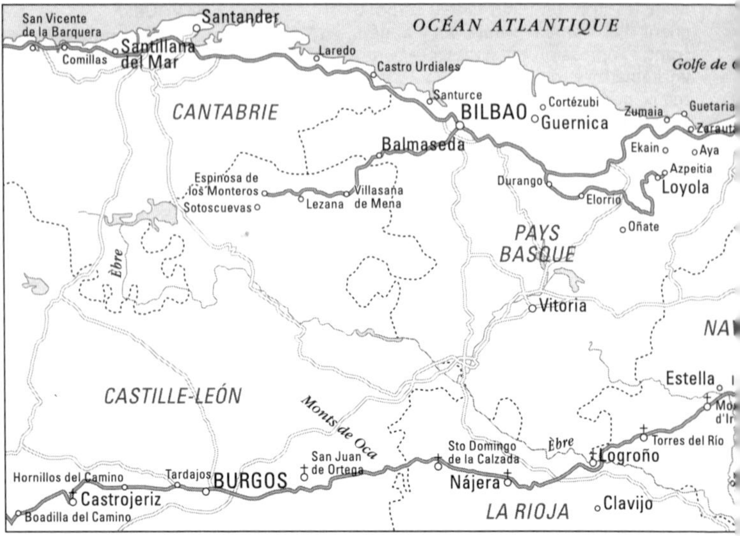

XIIIe s. La perfection de son abside et de ses chapiteaux romans, ainsi que le magnifique Chrismon qui préside la porte méridionale, justifient pleinement la visite.

Les deux alternatives, la « touristique » et « l'écologique », se rencontrent à **Liedena**, mais route et chemin se séparent à nouveau à **Foz de Lumbier**, impressionnante gorge sur la rivière Irati. Ici, le Chemin de Saint-Jacques passait autrefois sur un pont du XIVe s. connu sous le nom de *Puente del Diablo* (Pont du Diable), dont ne restent aujourd'hui que quelques ruines.

Après le **Haut de Loiti**, la voie aragonaise traverse **Monreal** (final d'étape selon le *Codex Calixtinus*). On traverse **Tiebas** et **Venta de Campanas**, pour descendre ensuite vers **Eunate**, haut lieu de cette nouvelle région. L'***église de Santa María* d'Eunate** se dresse au milieu d'une petite plaine saisissante de solitude. Son plan octogonal est légèrement irrégulier et le chœur est couvert d'une magnifique coupole ; son état de conservation est exceptionnel.

Le chemin continue vers **Obanos**, et aux portes de **Puente la Reina** a lieu la fusion des deux Chemins, **l'Aragonais** qui commence à Somport, et **le Navarrais** qui part de Valcarlos et Roncevaux.

Un monument métallique (assez laid) représentant un pèlerin, a été érigé pour signaler cette jonction.

CAHIER DE ROUTE : *235,6 km. A pied : 9 jours. En vélo : 5 jours. En voiture : 2 jours.* **Refuges pour pèlerins** : il y a des refuges très modestes à Berdún et Sigües. Le Séminaire de Jaca accueille aussi les pèlerins : Paseo del General Franco, 12/14. tél. 360542. A Sangüesa : C/ Enrique Labrit, 38, chambres, toilettes, douches eau chaude, cuisine. **Hôtels** : Candanchu : Somport, (974) 373009. Sangüesa : Yamaguchi (948) 870127.

La voie navarraise

La descente des Pyrénées en Navarre est d'une grande beauté. En partant d'**Arnéguy** à la frontière, le premier village espagnol est **Valcarlos** « Vallée de Carlos », dont la toponymie rappelle si bien la relation entre le Chemin de Saint-Jacques et Charlemagne.

A Valcarlos, sur un monument érigé récemment, apparaît, en basque, l'inscription suivante : *Es natzen ari dire hillarriak Santiyoko bidea*, ce qui

veut dire : « Les pierres mortes du Chemin de Saint-Jacques sont en train de se réveiller ».

Après Valcarlos, on monte vers le coteau de **Bentartea** où l'on commence un parcours de deux heures et demie au sommet des collines, depuis lesquelles on aperçoit la *Sierra de la Demanda*. Au milieu d'un magnifique paysage de bois et de prairies le Chemin continue son ascension vers le **col d'Ibañeta**, en haut duquel une petite église rappelle l'ancienne existence du monastère de San Salvador d'Ibañeta. Pas loin de l'église deux monolithes ont été érigés : l'un en souvenir de Roland, l'autre en l'honneur de la Vierge de Roncevaux. La vue sur les montagnes françaises et espagnoles est, ici, majestueuse.

Roncevaux

Appelé aussi ***Roncesvalles,*** c'est le site le plus emblématique de cette partie du Chemin. Sa ***Real Colegiata***, collégiale royale du XIIe s. (ancien hôpital de pèlerins) conserve à l'intérieur de la chapelle de San Augustin le sépulcre de Sanche le Fort, roi de Navarre reproduit grandeur nature (2,25m !). La Collégiale a trois nefs, dix balcons et dix rosaces et elle représente un très bel exemple de l'art gothique. C'est là que, chaque soir, les pèlerins reçoivent la bénédiction.

A partir de Roncevaux, le chemin vers Puente la Reina est facile et d'une grande beauté avec la traversée des bois d'**Erro**, notamment. La route suit la vallée de la rivière Arga et arrive aux portes de Pampelune (*Iruña* en basque), première grande ville sur le Chemin.

Pampelune

Dans la ville, le Chemin emprunte des petites ruelles tortueuses avant d'arriver à la fantastique ***cathédrale gothique***. Ayant subi les frasques néo-classiques d'un architecte du XVIIIe siècle (Ventura Rodríguez), elle s'est vue dotée d'une façade imposante qui rompt avec l'harmonie de son architecture d'origine. L'intérieur est éblouissant avec ses retables d'époques différentes, ses chapelles discrètes et le splendide mausolée d'albâtre de Charles III et d'Eléonore de Castille, véritable sarcophage d'éternité…

Le cloître a été construit fin XIVe-début XVe s. Ses arcades tressées en volute, ses portails minutieusement travaillés et ses tombeaux royaux, dernier hommage artistique aux souverains disparus, sont un véritable régal pour les yeux. Le cloître communique avec une salle où sont encore visibles les fondations de l'ancienne cathédrale romane.

L'***église San Saturnino*** de construction gothique (XIIIe-XVe s.), toute en briques, est le monument le plus ancien de la ville. Le ***musée de Navarre*** est un site culturel prestigieux qui mérite vraiment une visite (voir chapitre sur la Navarre).

Le Chemin continue, dépasse l'**Alto del Perdón** et arrive, enfin, à :

Puente la Reina

Cette ville est née pour et par le pèlerinage au début du XIIe s., mais c'est le roi aragonais Alphonse le Batailleur qui l'a fait prospérer (en favorisant son repeuplement par les Francs), et lui a donné son aspect de bastion aux rues perpendiculaires, entourées de murailles et de tours. Les pèlerins arrivent en contournant l'***église du Crucifijo*** dont le portail est décoré de coquilles et de végétaux. A l'origine, elle n'avait qu'une seule nef ; on lui en a adjoint une seconde au XIVe s.

La route continue sur la ***Calle Mayor***, rue constituée des anciens hôpitaux et auberges des pèlerins, au milieu de laquelle se trouve l'***église de Santiago***, reconstruite au XVIe s. mais qui conserve de l'ancienne église romane le portail avec un arc en plein cintre, polylobé. L'abondante décoration des archivoltes a été très abîmée par le passage du temps.

L'***église de San Pedro Apóstol*** date du début du XVe s., elle possède à l'intérieur plusieurs chapelles baroques, ainsi qu'un retable et un orgue du même style.

Au bout de la Calle Mayor nous pouvons déjà apercevoir la merveille de Puente la Reina : le pont qui lui donne son nom, magnifique construction du XIe siècle à six arcs brisés et piliers ajourés. Le ***Ponte Regina*** aurait été construit par ordre de Doña Elvira, épouse de Sanche-le-Majeur, pour aider les pèlerins à franchir le difficile passage de la rivière Arga.

Le Chemin longe une chaussée romaine à **Cirauqui**, village qui conserve en partie son aspect médiéval, et qui mène vers Estella, un autre haut lieu du Chemin.

Estella

Un miracle serait à l'origine de son nom : une pluie d'étoiles aurait fait découvrir à quelques bergers la statue de Notre-Dame du Puy. En l'honneur de cette pluie miraculeuse la ville prend le nom de Bella Stella en latin, et Estella (« étoile ») en castillan. Estella, sur l'authentique Chemin des Etoiles, possède quelques magnifiques édifices d'art roman. L'***église San Pedro de la Rúa*** est « austère comme un castel » mais elle possède aussi un portail polylobé et un cloître égayé par de magnifiques colonnes obliques. De l'autre côté de la rivière Ega qui sépare la ville en deux, ***San Miguel in Excelsis*** est un bel exemple de roman tardif dont le magnifique portail nord, richement historié, est orné d'un superbe Pantocrator aux traits fins et pleins de bonté. Rare exemple d'architecture civile romane, le ***Palacio Real***, dit « palais des rois de Navarre », présente des fenêtres géminées et un beau chapiteau historié avec le combat de Roland et de Ferragut. Actuellement, il accueille le ***musée Gustave Maeztu***, dédié à ce peintre navarro-cubain.

Le passage à travers la Basse Navarre vers La Rioja nous prépare une autre surprise : le ***monastère d'Irache***, à la sortie de Estella, construit au XIIe s. sur les ruines d'un autre monastère d'époque wisigothe. Les *bodegas* du lieu ont créé une fontaine à vin et invitent le pèlerin à le déguster :

Si quieres llegar a Santiago
con fuerza y vitalidad
de este gran vino echa un trago
y brinda por la felicidad.

(« Si tu veux arriver à Saint-Jacques / avec force et vitalité / de ce grand vin prends une gorgée / et trinque pour la joie »).

Sept kilomètres plus tard, à **Villamayor**, nous trouvons une autre fontaine médiévale, très particulière, avec une ouverture qui descend profondément dans la terre et à laquelle on accède par des escaliers.

Avant de quitter la région de Navarre à **Torres del Río**, il faut visiter l'***église du saint Sépulcre***, de plan octogonal, certainement élevée par l'Ordre des Chevaliers Templiers.

Cahier de route. *144,8 km. A pied : 6 jours. En vélo : 3 jours. En voiture : 2 jours.*

Refuges pour pèlerins. Roncevaux : 60 pl. + 40 au sol, douches, salle commune ; s'adresser à l'accueil de la Collégiale, tél. 948/ 760000. Pampelune : refuge des Amis de Santiago de Navarre, à côté de l'église de San Saturnino, c/ Ansoleaga, 21. (20 pl. + 200 dans une école en été), douches, cuisine, salle commune, tél. 948/ 221479. Puente la Reina : refuge des Padres Raparadores, c/ Crucifijo, 1. (32 pl. + 40 en été, +100 pl. au sol dans un local municipal), douches, salle commune. Estella : refuge du Colegio Remontival, 22 (14 pl.+20 au sol), douche, cuisine, salle commune.

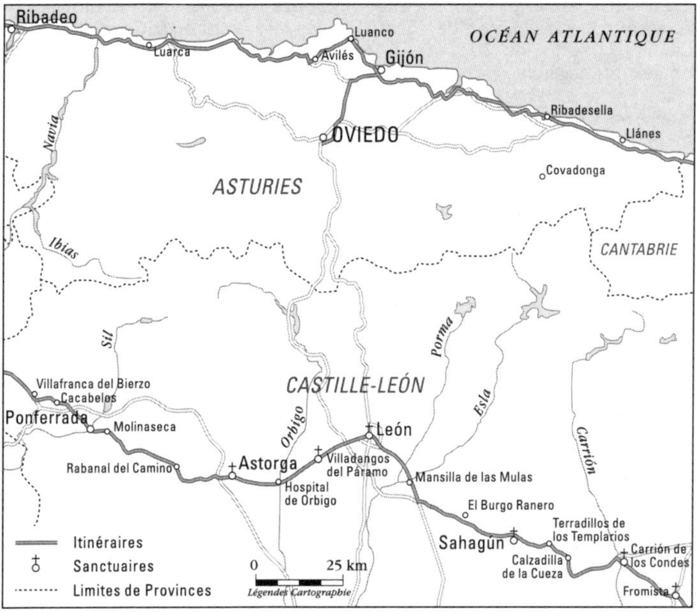

Hôtels : Pampelune : très nombreux, rens. O.T. c/ Duque de Ahumada, 3, tél. 948/ 220741.

Deuxième étape : de Logroño à la Castille

On quitte la région navarraise pour entrer dans La Rioja.

Logroño

La traversée de la ville se fait par l'antique ***Rúa Vieja***, au beau milieu des maisons seigneuriales des XVIIIe-XIXe s. A quelques rues de là, s'élève ***Santiago el Real***, une église gothique du XVIe s., à une seule nef.

Si l'on dispose d'un peu de temps, le cœur de la cité offre trois autres belles églises à visiter : ***Santa María del Palacio*** (gothique du XIVe s.), ***Santa María la Redonda***, gothique du XVe s., mais remaniée plus tard en style baroque et ***San Bartolomé*** (XIIe-XIVe s.) qui présente une très belle tour *mudéjar*.

Nájera

Chemin faisant, on arrive à Nájera (nom aux consonances arabes). Cette ancienne résidence de la cour de Navarre méritait déjà au XIIe s. le titre de *urbe* (« ville »). Elle est située au pied d'une colline à grottes, qui servaient jadis d'habitation à quelques anachorètes mystérieux.

Le couvent de ***Santa María la Real*** mérite largement la visite. L'édification est du XIVe s., sur des structures antérieures (XIe s.). Son magnifique cloître plateresque (XVIe s.) attire spécialement l'attention du visiteur : malgré son style décadent il est d'agréables proportions. Ce cloître invite le pèlerin à la méditation.

Nájera est aussi le point de départ vers les monastères de Suso, Yuso, Varvanera, qui mettent à la disposition des visiteurs logements et repas. Puis le Chemin arrive à :

Santo Domingo de la Calzada

On y admirera la tour de sa cathédrale baroque haute de 69 m. L'église romane primitive est cachée aujourd'hui sous les rajouts successifs des siècles passés. Malgré tout, quelques traces de l'époque romane subsistent encore dans l'abside, dans le déambulatoire et sur les chapiteaux.

C'est un « miracle » qui a rendu célèbre la cathédrale de Santo Domingo : celui du coq et de la poule. La légende raconte qu'un jeune pèlerin, voyageant avec sa famille vers Compostelle, fut injustement accusé de vol. Une servante aguicheuse, dépitée de se faire éconduire par le jeune homme, cacha intentionnellement dans son bagage de la vaisselle d'argent. Il fut accusé et condamné à la pendaison. Malgré leur souffrance, les parents continuèrent leur pèlerinage à Compostelle. A leur retour, ils rendirent visite au corps suspendu de leur fils qui, du haut du gibet, leur annonça qu'il était toujours en vie. Ils essayèrent d'expliquer le cas à un juge, mais celui-ci étant en train de manger de la volaille rôtie, leur répondit avec ironie : « Il est vivant aussi vrai que ce coq et cette poule vont se mettre à chanter ». Et voilà que le miracle se produisit ! Le coq chanta et la poule caqueta ! Bouleversé, le juge fit décrocher le jeune homme et pendre à sa place la serveuse fautive. Aujourd'hui encore, à l'intérieur de la cathédrale et derrière une grille, on aperçoit un coq et une poule blancs, bien vivants !

Santo Domingo ne manque pas d'établissements hôteliers où passer la nuit, parmi lesquels la ***maison de Santa Teresita*** qui est dirigée par des religieuses ou la ***Casa del Santo***, l'un des refuges pour pèlerins le mieux équipé de tout le chemin.

CAHIER DE ROUTE. *72,5 km. A pied : 3 jours. En vélo : 2 jours. En voiture : 1 jour.* **Refuges pour pèlerins.** Logroño : refuge municipal (85 pl. + 200 en été), douches, cuisine, salons...(l'un des meilleurs refuges du Chemin), c/ Rúavieja, 32, tél. 941/ 260234. Santo Domingo de la Calzada : refuge dans La Casa del Santo (45 pl. + 60 au sol + 200 en été). **Hôtels** : Logroño : très nombreux ; rens. O.T., tél. 941/ 291260. Santo Domingo de la Calzada : il y a au total 9 hôtels ; rens. O.T., tél. 941/ 343334.

Troisième étape : sur la route du Cid

Laissant derrière soi la Rioja, on entre en **Castille**, le paysage quitte sa parure rouge et verte, pour offrir un éventail de tons ocre et marron. Avant d'arriver à Burgos, point central de cette étape, nous traversons **Villamayor del Río** (où nous pouvons goutter les délicieux haricots de San Miguel, accompagnés du chorizo et du boudin du pays ou le plat de charcuterie maison à l'Hostal León), **Villafranca**, et les ruines du ***monastère de San Félix de Oca*** (IXe s.).

LE CID CAMPEADOR

Des hauts faits du passé, rapportés et ennoblis par les chansons de gestes, l'épopée du Cid, personnage historique de la seconde moitié du XIe siècle, a défié le temps. Un premier poème castillan, *El cantar de mio Cid* au XIIe siècle, fixe les termes de la narration mouvementée qui fait de don Rodrigue, banni par son roi, le victorieux conquérant du petit royaume de Valence repris aux Maures en 1094.

Au XVIIe siècle, après le recueil de ses faits et gestes, embellis par la romance ; le théâtre, sous la plume de Guillèn de Castro, projette le sujet d'Alphonse VI, Rodrigo Diaz de Vivar (né en 1043), dans l'histoire tourmentée de la jeune couronne castillane. Le héros doit affronter à la fois les musulmans et un amour impossible avec la belle Chimène. Loin de l'opportuniste potentat que fut le Cid, seigneur de Valence de 1094 à sa mort en 1099, qui servit, au gré de ses intérêts, les Chrétiens et les Maures ; le petit seigneur devint une figure nationale, un héros de la Reconquête.

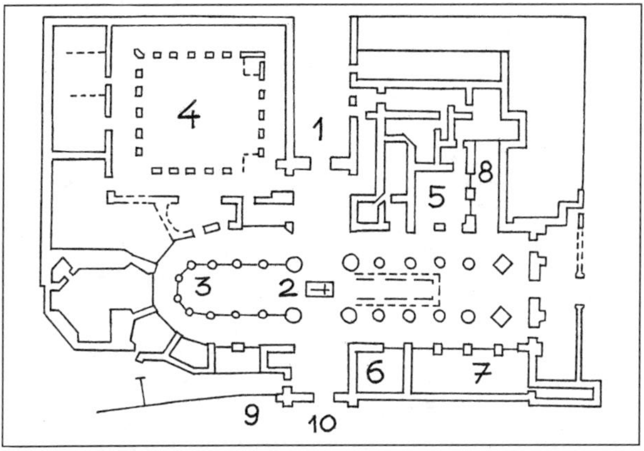

Plan de la cathédrale de Burgos : **1**- Portail du Sarmental. **2**- Tombe de Rodrigue et Chimène. **3**- Chœur. **4**- Cloître. **5**- Chapelle de la Présentation. **6**- Chapelle Santa Ana. **7**- Chapelle Santa Tecla. **8**- Chapelle du Santísimo Cristo. **9**- Porte de la Pellejeria. **10**- Portail de la Coronería. **11**- Puerta Real ou du Perdón.

Ici commence la longue traversée du plateau de la **Meseta**, d'abord couvert d'arbres et de maquis puis désertique dans sa partie haute ; autrefois, cette région n'offrait pas le moindre refuge pour les voyageurs qui se laissaient surprendre par le vent et la neige de l'hiver ou par un soleil de plomb l'été.

Aujourd'hui encore ce passage reste difficile, mais l'arrivée à **San Juan de Ortega** récompense le marcheur éprouvé. Ce village, souvent oublié par les guides, possède un magnifique monastère du XIIe s. dont les trois absides romanes et les fenêtres aux dix archivoltes sont d'une agréable originalité. Le monastère dispose d'un refuge pour pèlerins où D. José María Alonso – le très aimé curé de San Juan et l'un des personnages les plus célèbres du Chemin – prépare sa fameuse soupe à l'ail pour les voyageurs qui y passent la nuit.

Burgos

Le Chemin disparaît à l'entrée de **Burgos** (englouti par la Nationale I), la ville du Cid Campeador, Rodrigo Diaz de Vivar (1026-1099), héros de la Reconquête et figure emblématique évoquée dans les premières chansons de geste en langue castillane.

Les traces de l'art roman sont ici presque inexistantes. Le monument le plus représentatif de Burgos est sa ***cathédrale***, l'un des plus beaux exemples de construction gothique sur la route vers Compostelle.

On accède à la Place de la Cathédrale à travers l'***Arco de Santa María***, magnifique porte construite à partir de 1536 en l'honneur de Charles Quint. Face à cette merveille en pierre qui fut commencée en 1221 mais terminée trois siècles plus tard, on admirera la façade principale majestueuse avec son portail et ses flèches ajourées. La cathédrale possède en effet trois portails : au sud, le ***portail du Sarmental (1)*** de style gothique français du XIIIe s., où tympan et rosace sont d'une grande beauté. La façade occidentale reçoit le nom de ***Puerta Real ou du Perdón (11)***, dont aujourd'hui les détails sont à peine perceptibles (excepté quelques figures et symboles astraux). Par contre, ce portail possède une magnifique rosace en hexagone, qui représente l'étoile de David, le sceau de Salomon. Au nord, le ***portail de la Coronería (10)***, par lequel rentraient les pèlerins, présente un magnifique apostolarium dont les archivoltes sculptées mettent en scène le Jugement Dernier.

L'intérieur, de par ses nombreux éléments (trois nefs, un déambulatoire, un cloître, une salle capitulaire, dix-sept chapelles…) et ses dimensions est d'une impressionnante beauté.

Il ne faut pas manquer la ***chapelle du Santísimo Cristo* (8)** où est accroché un Christ vaguement momifié. Cette « relique » aurait été retrouvée dans la mer, entourée d'une peau de buffle. Le résultat est saisissant.

A la sortie de Burgos se trouve l'***Hospital del Rey*** : ce sont les restes (assez importants) de l'un des derniers hôpitaux construits pour les pèlerins, grandiose, triomphal, digne des multitudes qui se précipitaient vers Compostelle. Tout dans cette construction évoque le pèlerinage : la croix de Saint-Jacques, des coquilles, des inscriptions : *Beatissime Jacobe, Honor Hispaniae…patrone.*

On s'achemine ensuite vers la Tierra de Campos, on traverse **Tardajos** et **Hornillos del Camino**, et l'on pénètre dans la steppe castillane. Ce sont peut-être les kilomètres les plus solitaires de la Route.

Avant d'arriver à Castrojeriz, dans l'un des virages du chemin, le pèlerin se trouve en face des magnifiques ruines gothiques de **San Antón**.

CASTROJERIZ

Nous arrivons à Castrojeriz, l'ancien *Castrum Sigerici*, bourg émaillé de prestigieux monuments. Quelques églises : l'***église paroissiale Santo Domingo*** (XVIe s.), l'***église San Juan***, début gothique, quelques restes de monastères et anciens hôpitaux de pèlerins, et la Collégiale de la Vierge, ***Nuestra Señora del Manzano***, de tradition romano-gothique, s'éparpillent d'un côté et de l'autre du Chemin.

Depuis la **colline Mostelares**, que l'on ne peut gravir qu'à pied, on abandonne la Province de Burgos. Regardant à l'horizon, nos yeux se perdent dans les confins de la Castille.

CAHIER DE ROUTE. *111,4 km. A pied : 4 jours. En vélo : 2 jours. En voiture : 1 jour.* **Refuges pour pèlerins.** Burgos : très nombreux ; rens. O.T. de Castille et León ; plaza Alonso Martinez, 7, tél. 947/ 203125.

Quatrième étape : en terres de Palencia

Le tronçon qui conduit à Fromista est agréable à parcourir car il est situé en plaine.

FROMISTA

Après **Boadilla del Camino**, le Chemin arrive très rapidement à Fromista où le pèlerin découvre, en plein cœur de la vieille ville, l'***église de San Martín***, l'un des joyaux de l'art roman européen, et unique vestige d'un monastère bénédictin fondé en 1066 par Doña Mayor de Navarre, épouse du roi Sanche le Grand.

Cette merveille peut être considérée comme une encyclopédie de l'art roman (avec ses trois nefs, ses trois absides et sa façade d'une admirable simplicité). Les trois nefs voûtées en berceau, les cent chapiteaux historiés, la sobriété de la sculpture, l'élégance des voûtes et de la coupole contribuent à l'équilibre de l'espace intérieur. Tout en elle diffuse une sensation de bien-être spirituel.

A quelques kilomètres de Fromista **Villalcázar de Sirga** surgit de la plaine ; un détour s'y impose pour visiter l'église des Templiers de ***Santa María la Blanca*** (gothique sur un plan cistercien roman XIIe s.). Construite en pierre blanche, elle conserve à l'intérieur une grande variété de sculptures, de peintures et de tombeaux qui évoquent l'ambiance chevaleresque et mystique de l'Ordre.

CARRIÓN DE LOS CONDES

Plus tard, à **Carrión de los Condes**, trois monuments religieux attendent notre visite : le ***monastère de Zoilo***, l'***église de Santa María de las Victorias*** et surtout le joyau de Carrión : l'***église de Santiago***, dont ne reste que la très belle façade du XIIe s. Une autre visite conseillée est celle du ***couvent de Santa Clara***, où l'on sert … d'excellentes pâtes !

Une marche de 17 km conduit jusqu'à **Calzadilla de la Cueza**. A la fin de cette promenade – interminable – le pèlerin mérite un bon repos avant d'attaquer les neuf kilomètres qui le séparent de **Terradillos de los Templarios**.

A Terradillos nous faisons connaissance d'un autre personnage célèbre du Chemin : Guillermo, qui met sa maison à la disposition des pèlerins et offre lit et repas pour une somme toute symbolique. Fervent admirateur des chevaliers Templiers (comme l'indiquent les symboles qui décorent sa maison) sa conversation est une mine de renseignements sur cet ordre légendaire.

CAHIER DE ROUTE. *70,7 km. A pied : 3 jours. En vélo : 2 jours. En voiture : 1 jour.* **Refuges pour pèlerins.** Terradillos de los Templarios : dans la maison de Guillermo, refuge privé à l'entrée du village (13 pl.), douches, salle commune, tél. 988/ 883679/883020. Fromista : P. Marisa, tél. 988/810023. Association provinciale de tourisme de Fromista, c/ San Carlos, 1, tél. 947/ 208960 et 947/ 267125. P. Camino de Santiago, tél. 988/810053.

Cinquième étape : Entre León et la Galice

Après avoir dépassé la frontière qui sépare la Province de Palencia et celle de León, le pèlerin arrive assez vite à Sahagún.

SAHAGÚN

C'était au Moyen Age une ville prospère et bien préparée à l'accueil des pèlerins, elle était également le siège central de l'ordre de Cluny en Europe. La caractéristique de l'art roman à Sahagún est la substitution de la pierre par la brique : il s'agit alors d'art mozarabe ou roman *mudéjar*, œuvre des musulmans qui restèrent en territoire reconquis. Le terme « roman » appliqué à cette technique constructive est quelque peu inapproprié, car le roman sans la pierre – élément essentiel car symbole de la terre – est inconcevable. Le résultat est peut-être original, mais il n'a pas le caractère sacré de l'art d'origine.

Après Sahagún, entre **Calzada del Coto** et **Mansilla de las Mulas**, le Chemin continue tout droit à travers une voie artificielle de 35 km, évitant ainsi un détour de 60 km. Sur cette voie s'échelonnent trois villages : **Bercianos**, **El Burgo Ranero** et **Reliegos**. Tous les trois ont un refuge pour pèlerins.

Entre **Mansilla de las Mulas** et **Villadangos del Páramo** on parcourt plus de 35 km sur les nationales 601 et 120, sans un seul refuge sinon celui de León.

LEÓN

La ville de León évoque la splendeur de l'histoire antique et médiévale du pays ; elle était au Xe s. la ville la plus importante de l'Espagne de la Recon-

LA CREDENCIAL

Le Camino de Santiago, ce Chemin qui depuis des siècles réunit des hommes et des femmes de toute l'Europe (et du monde entier) dans un même élan spirituel ou aventurier, vit à nouveau un véritable essor. Sa fréquentation augmente d'année en année. Quelques chiffres : en 1990, 4 900 personnes ont accompli leur pèlerinage, tandis qu'en 1993 plus de 30 000 sont arrivés à Compostelle. Un si grand nombre de pèlerins a donné naissance au *credencial*, véritable passeport du pèlerin (une condition indispensable pour avoir accès aux refuges pour la plupart gratuits). Le *credencial* sert aussi de garant dans un cas d'urgence, il donne droit à des remises dans les restaurants et l'entrée gratuite dans la plupart des monuments du Chemin.

On peut se procurer ce sauf-conduit dans sa paroisse d'origine ou dans bon nombre de refuges, tout au long de la route. Pour l'obtenir, une seule condition : réaliser le pèlerinage à pied, en vélo ou à cheval. Il est conseillé d'obtenir une lettre de présentation auprès d'une paroisse ou d'une association des Amis de Saint-Jacques.

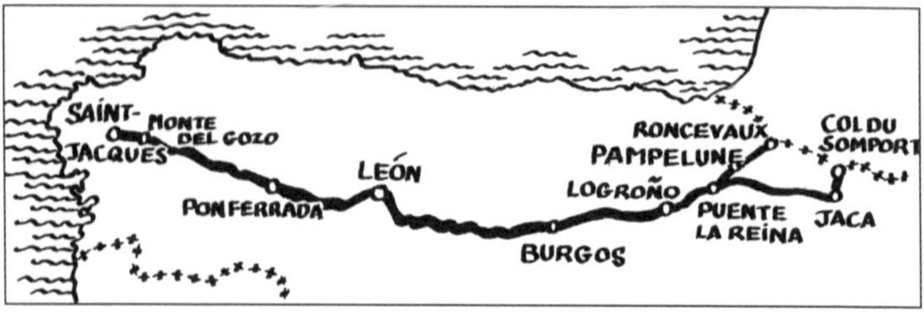

Tout le parcours du Chemin et ses principaux sanctuaires

quête. On emprunte ici l'authentique Chemin des Etoiles, celui des constructeurs, des alchimistes, des forces mystérieuses de la nature.

A travers un labyrinthe de petites rues on découvre les joyaux de León. Les murailles romaines, flanquées de tours circulaires, rappellent l'importance de cette ville aux temps des Romains.

San Isidoro, la Collégiale du XIe siècle attire les pèlerins pour la pureté de son style roman et l'excellente conservation de ses peintures et sculptures. La façade sud présente les signes du Zodiaque : l'expression du temps en termes célestes. Le portique est formé de deux arcs superposés s'appuyant sur quatre colonnes. Là on admirera le tympan de l'Agneau, qui symbolise le sacrifice du Christ. La Puerta del Perdon, magnifique dans sa simplicité, est composée de trois arcs superposés, symboles de la Trinité ; elle était la porte par laquelle entraient les pèlerins. L'édifice est remarquable par ses proportions, par la hauteur de ses voûtes, par ses chapiteaux historiés et par ses motifs végétaux.

A côté de la basilique se trouve le ***Panteón Real*** (Caveau des rois). Cet édifice à trois nefs possède de magnifiques chapiteaux historiés relatant des scènes du Nouveau Testament. Les six voûtes de l'édifice sont totalement couvertes de peintures, magnifiques fresques présidées par l'image du Christ en majesté, entouré des quatre évangélistes.

La ***cathédrale de León***, commencée en 1205 a subi des restaurations pendant quatre ou cinq siècles. Son aspect extérieur est grandiose avec sa façade principale, dont le portail (XIIIe s.) s'ouvre par trois baies ornées de sculptures. L'intérieur est harmonie et lumière. Grande, à la fois sereine et inquiétante, cette cathédrale est unique par l'intensité de sa lumière (près de 1800 m^2 de vitraux et 125 fenêtres).

Après avoir dépassé les villages de **Valverde**, **San Miguel** et **San Martín del Camino**, on arrive à **Puente de Orbigo** : logiquement nous trouvons là la rivière Orbigo, et le très beau pont qui la traverse (vingt arches, 204 mètres de long). Ce pont est célèbre par la bataille que mena, en 1434, le chevalier Suero de Quiñones contre quiconque le franchirait ; tout cela pour une obscure histoire de promesse faite à une dame.

Après Puente de Orbigo, on dépasse **Hospital de Orbigo** pour se diriger vers Astorga.

Astorga

C'est une petite ville riche en histoire et en monuments. Sa ***cathédrale***, commencée en 1471, est gothique à l'intérieur mais baroque à l'extérieur. A côté de la cathédrale, le ***Palacio Episcopal*** réalisé par l'architecte catalan Gaudí en 1889 mérite aussi une visite.

Un nouveau périple débute après Astorga : 51,8 km seront nécessaires pour dépasser les montagnes de León, le mont Irago, sur des chemins difficiles où les villages abandonnés se succèdent les uns aux autres jusqu'à **Rabanal del Camino** (neuvième étape selon le *Codex Calixtinus*), très bien équipé en refuges et restaurants. Plus tard, à **Molinaseca**, il est vivement recommandé de reprendre des forces avec une bonne assiette d'haricots aux lardons et de se promener au milieu de ses belles maisons nobles à écussons, avant de continuer vers **Ponferrada**. Cette ancienne capitale de Province possède un magnifique château templier du XIIIe s. (long de 162 m et large de 91 m), c'est le seul conservé depuis la disparition de l'Ordre des Chevaliers. Il est aujourd'hui classé monument national avec sa remarquable enceinte de pierre, ses créneaux, ses tours…

Après la petite localité de **Cacabelos**, commence l'ascension vers **le Bierzo** où le Chemin est réservé aux marcheurs et VTTistes.

Le meilleur moment pour arriver à **Villafranca del Bierzo** c'est au coucher du soleil. Fatigués du parcours sur le **Valle del Silencio**, après avoir médité sur le mystère des Templiers, on atteint enfin la ville qui s'offre comme un havre de paix. Aux temps des premiers pèlerinages, l'***église de Santiago del Bierzo*** permettait d'obtenir le *Jubileo* pour les pèlerins qui ne pouvaient pas continuer le voyage jusqu'à Compostelle.

Pour entrer enfin en Galice on peut suivre plusieurs pistes ou bien emprunter la route qui part du **col de Piedrafita**.

Cahier de route : *205 km. A pied : 8 jours. En vélo : 4 jours. En voiture : 2 jours.* **Refuges pour pèlerins.** León : très nombreux refuges, rens. O.T. de la Junta, plaza de la Regla, 4, tél. 987 23 70 82. Astorga : nombreux refuges ; rens. à l'O.T. tél. 987 61 52 05. Ponferrada : nombreux refuges ; rens. à l'O.T. tél. 987 42 42 36.

Sixième étape : à l'approche de Saint-Jacques

Après une montée de 8 km, on atteint le **col du Cebreiro**, à 1300 m d'altitude. Ici, il est possible de jouir d'un repos bien mérité à la maison refuge du ***monastère de San Giraldo de Aurillac***, dont le curé, D. Elias Valiña, actuel Commissaire du Chemin, est une institution vivante. Sa réputation, il la doit à son travail pour l'amélioration de la Route, à ses connaissances ainsi qu'à son hospitalité. La maison fait partie de l'ensemble de ***Santa María la Real***, formé d'une église préromane du IXe siècle qui a conservé ses fonts baptismaux et un calice du XIIe s.

A présent, il reste seulement 152 km jusqu'à Saint-Jacques. Les grandes églises romanes et gothiques sont remplacées par de petits ermitages. Le paysage dans les étapes galiciennes est parsemé de tant de rivières, de bois et de refuges, que le pèlerin marche sans se rendre compte du chemin parcouru !

Samos est une ville qui mérite le détour pour la visite de son ***monastère*** (VIIe s.), dont la façade actuelle est baroque. Il est possède le plus grand cloître d'Espagne.

Après Samos et **Sarria**, la route nous mène jusqu'à **Portomarín** : ville noyée en 1962 par un barrage, et ensuite reconstruite pierre par pierre. Ses monuments furent ainsi sauvés de l'eau : ***San Nicolás***, église romane du XIIIe s. a une seule nef dont la voûte est décorée de fresques romanes. ***San Pedro***, élevé en 1182, est de style roman. Les édifices civils sont ***La Casa dos Condes***, (XVIe s.) et le ***Palais de Berbetoros*** (XVIIe s.).

Le Chemin continue à offrir un grand nombre de refuges. A **Melide**, par exemple, une vieille maison a été totalement restaurée pour recevoir jusqu'à 150 pèlerins et l'on y a installé six écuries pour les éventuels pèlerins à cheval !

La Province de la Corogne a investi, en 1993, plus de 500 millions de pesetas pour l'amélioration du Chemin ; mais malheureusement, il est coupé par l'aéroport de Lavacolla, situé à l'endroit où les pèlerins se lavaient avant d'arriver à Compostelle.

Les 4 km jusqu'au **Monte del Gozo** – Montjoie – se font en courant. Au sommet, le pèlerin voit pour la première fois Compostelle. Pendant des siècles, le Monte del Gozo a été le théâtre de scènes de joie, de larmes, de remerciements de la part des pèlerins agenouillés, l'esprit illuminé d'un bonheur intense et bienfaisant.

Cahier de route. *152 km. A pied : 6 jours. En vélo : 3 jours. En voiture : 1 jour.* Portomarín : très nombreux ; rens. O.T. tél. 982/ 545003. Melide : très nombreux.

La *Compostela*

Arrivé à Saint-Jacques-de-Compostelle, le pèlerin peut se diriger au bureau d'accueil de la cathédrale, pour y solliciter la *Compostela*, le document qui certifie l'accomplissement du pèlerinage. Pour l'obtenir il faut montrer le *credencial* qui doit porter les tampons de tous les endroits où le pèlerin a logé. Celui-ci doit avoir parcouru un minimum de 100 km. Ce document donne aussi droit à un repas gratuit dans le merveilleux ***Hostal de los Reyes Católicos*** (aujourd'hui, l'un des hôtels les plus cotés de l'Espagne), en souvenir de ce que fut à l'époque médiévale sa première fonction : donner accueil à ceux qui finissaient cette longue marche spirituelle. La ville de Saint-Jacques (Santiago) est décrite dans le chapitre sur la Galice p. 68.

LA NAVARRE, DES CIMES PYRÉNÉENNES À LA RIBERA

Région montagneuse avec les Pyrénées, la **Navarre** a parfois souffert de ce relief imposant mais surtout de sa position frontalière entre deux pays : l'Espagne et la France. Tiraillée dans un sens et dans l'autre, elle a su, au cours de l'histoire, et malgré des transgressions multiples, s'ériger en Etat indépendant et conserver une certaine autonomie avec les *fueros*. Profondément attachée à la monarchie et fervente catholique, elle garde encore aujourd'hui les traces de ces héritages dans son organisation sociale et dans son architecture.

Le passage du Chemin de St-Jacques sur son territoire n'a cessé de renforcer son sentiment d'être au cœur de l'Espagne mais aussi de vivre entre mythe et réalité...

Terre de contraste entre cimes pyrénéennes et plaine de la Ribera, la Navarre offre aussi de somptueux paysages à qui sait aller à leur rencontre.

Pampelune.

C'était déjà une ville sous l'empire romain et elle a gardé du Ier siècle après J.-C. son nom en l'honneur de l'illustre Pompée le Grand (*Pompiliona* – Pampelune). Capitale de la Navarre dès le Xe siècle, elle eut à subir auparavant, en 778, l'assaut d'un Charlemagne qui détruisit ses remparts et qui fut cause de l'événement de Roncevaux.

Pampelune a connu ses heures de gloire avec Sanche III (1 000-1 035) mais a continué, malgré ses déboires territoriaux (notamment son annexion en 1512 par Ferdinand le catholique) à jouer un rôle politique, économique et culturelle dans la Péninsule les siècles suivants. Capitale de rang royal, elle est devenue au XIXe siècle un bastion carliste et au XXe s. un soutien important pour Franco.

Pampelune, chargée d'histoire et de lumière, s'est aussi ouverte à la modernité en s'industrialisant et en offrant une palette plus variée d'activités. Elle continue de ce fait d'assumer son rôle de capitale provinciale forte de 183 000 habitants.

Pampelune possède un centre historique situé dans un méandre du fleuve qui la traverse, l'Arga et dont les vestiges remontent à l'antiquité comme ces remparts datant du VIe

La symbiose de l'art et de la roche

Santa Cruz de la Seros apparaît comme une construction étrange car il s'agit d'un monastère construit verticalement, en concurrence avec la masse rocheuse qui le protège. Erigé au XIe et XIIe siècles, il possède des chapiteaux historiés dont la variété des motifs est extraordinaire (des singes, des chiens, des salamandres, des fruits...) et un très beau retable du début du XVIe s.

Dans une parfaite symbiose avec le paysage environnant, *San Juan de la Peña* semble naître de la roche. On accède au monastère à travers la salle capitulaire (Xe s.) et la crypte qui sont les parties les plus anciennes de la construction. En effet, l'église romane s'élève sur un édifice mozarabe antérieur et possède une magnifique triple abside incrustée dans la masse rocheuse qui lui sert, en même temps, de coupole. L'église donne sur l'un des plus singuliers cloîtres qu'on puisse imaginer. Ses beaux chapiteaux historiés avec des épisodes de l'Ancien et du Nouveau Testaments, s'offrent à l'admiration de tous dans un cadre impressionnant : d'un côté la paroi de la falaise joue le rôle de mur intérieur et de toit protecteur, de l'autre le cloître s'ouvre sur le vide...

siècle. Reconstruites par Charles V, les portes de « France » et de la « Taconera » sont les derniers beaux restes d'un siècle d'or artistique.

Dans le dédale des ruelles médiévales se cachent de belles églises comme celle de ***Saint-Nicolas*** et de ***Saint-Sernin*** de style roman avec leurs magnifiques portails et leurs chapiteaux sculptés. L'incontournable ***cathédrale***, près des remparts, bâtie au XIVe siècle est d'un gothique flamboyant, remarquable dans sa structure (voir la description au chapitre sur St-Jacques).

Non loin de là, le vieil ***hôpital de la Miséricorde*** reconnaissable à sa façade plateresque sert aujourd'hui de musée : le grand ***musée de Navarre*** qui expose entre autre des fresques gothiques régionales et une collection de peintures comprenant deux Goya (fermé ap.-midi et lun.).

La ville moderne se reconnaît à ses bâtiments plus récents comme le ***palais du Diputación Foral*** (qui comprend une salle remplie de portraits des rois de Navarre), la ***citadelle*** (*Ciudadela* construite par Philippe II) ainsi que la ***place de l'ancien château*** (*Plaza del Castillo*) qui sert désormais de lieu de rassemblement pour les manifestations culturelles. Le ***Paseo de Sarasate*** est la grande avenue prestigieuse bordée de boutiques chics qui mérite un détour rien que pour le plaisir des yeux et qui se finit sur le ***Parque de la Tasconera***, un agréable jardin public.

Une impression demeure quant à cette ville, celle d'une cité dynamique où souffle un vent culturel et festif toute l'année. Si on veut s'amuser à Pampelune, il faut venir le 7 juillet pour ne repartir qu'avec un seul désir : celui de revenir ! (voir le chapitre « Art de vivre en Espagne du nord »).

Les environs de Pampelune.

Le ***château-couvent de Javier*** baptisé ainsi en l'honneur de saint François-Xavier (missionnaire et jésuite) est un lieu de pèlerinage très visité en raison d'un prodige qui se produirait lors du jour anniversaire de la mort du saint ; les croix se mettraient à saigner en souvenir de cet homme si pieux rappelant aux fidèles leur devoir de mémoire...

Le monument fut reconstruit après son démantèlement au XVIe siècle. Ce site prestigieux est l'occasion de juin à septembre de spectacles son et

Le palais de Charles III à Olite

Il fut édifié en 1406 par Charles le Noble en lieu et place de l'ancien château daté du XIIIe siècle. Ce fut l'architecte audacieux Saül de Arnedo qui dirigea les travaux et qui décida de modifier les plans déjà existants en agrandissant l'ensemble avec une démesure comparable à Chambord ! L'heure des bâtisseurs de la pré-Renaissance avait sonné en Navarre. Après des travaux longs et pénibles réalisés par une somme d'artisans et de manouvriers aux origines diverses et variées, chacun apportant avec lui sa culture, ses traditions architecturales comme les Maures et les Juifs, le résultat étonne d'originalité, d'exubérance.

Des tours nombreuses (peut-être une vingtaine) et de différentes formes sont agencées sans la rigueur géométrique d'antan et s'articulent avec toute une séries de pièces dont la multiplicité accroît le sentiment d'immensité. A cela s'ajoutent les cours et jardins, comble du raffinement, qui aèrent la bâtisse ainsi que les balcons et les belvédères, agréables transitions de l'intérieur vers l'extérieur... Avec le temps, une restauration de certaines parties s'imposait pour que le palais ne tombe pas en ruines. Aujourd'hui, le cloître de Sainte-Marie ainsi que les quatre tours qui l'environnent sont devenus un *Parador*, hôtel luxueux de caractère en même temps qu'un site classé.

lumière où se rallume pour un temps la magie de l'histoire...

A quelques kilomètres de **Jaca**, deux autres hauts lieux de l'art roman attirent notre attention : **Santa Cruz de la Seros** et **San Juan de la Peña**.

Tafalla est à environ 30 km de Pampelune ; elle inaugure l'entrée sur la plaine fertile de la Ribera. Important carrefour sur les voies menant à l'Aragón, la ville est remarquable par la présence de maisons historiques très anciennes de style *mudéjar* et d'autres datant de la Renaissance. L'empreinte religieuse est importante puisqu'il y a deux couvents (San Francisco et la Conception) ainsi qu'une petite église romane dotée d'un retable de belle qualité conçu par Juan de Ancheta.

Ujué est une ancienne citadelle comme en témoigne la forme massive de l'église médiévale ***Santa María la Real*** entourée de fortifications. La chapelle conserve un portail du XVIe s., une triple abside romane et une nef gothique charmante. Du haut des murailles, le panorama est splendide car il s'ouvre sur les Pyrénées. C'est aussi un haut lieu de pèlerinage très fréquenté car Ujué appartient désormais au folklore navarrais : on vient de partout pour voir les pénitents se flageller avec de lourdes chaînes et transporter d'immenses croix afin de faire repentance.

Olite était l'ancienne capitale des rois de Navarre au XVe siècle. Le magnifique palais de Charles III est l'attraction principale des visiteurs mais si on déambule un peu dans les vieilles rues, il est facile de tomber sur l'***église gothique Santa María***.

A proximité, se trouve le ***couvent cistercien de la Oliva*** près de **Carcastillo** véritable havre de paix où le temps s'égrène lentement à l'ombre du cloître gothique. Fondé en 1134, il devint l'un des plus riches d'Espagne. La façade de son église romane, simple et dépouillée, reste un bel exemple d'architecture cistercienne. Le vignoble alentour produit un vin local que l'on peut déguster au cours de la visite.

Tudèle la tolérante.

Construite au IXe siècle par les Maures puis fortifiée au XIe s. par les Sarrasins pour défendre la frontière, Tudèle possède un centre historique exceptionnel. Y sont conservés les vestiges d'une ancienne mosquée dans les fondations même de la cathédrale romano-gothique (XIIe-XIIIe s.) dont le portail central laisse sans voix. Le Jugement dernier qui y est représenté comporte plus de cent sculptures entre les chapiteaux et les archivoltes ; la minutie des détails le rend tout à fait exceptionnel. L'intérieur est tout aussi riche de beaux retables, de tombeaux de marbre, et de chaires en bois sculptés. Tudèle est aussi connue pour avoir abrité une importante communauté juive. L'***Aljama***, le vieux quartier juif, témoigne de la cohabitation qui régnait naguère. La ville rayonne encore de ce passé culturel illustre, fait de cosmopolitisme et de tolérance. Le magnifique pont qui enjambe l'Ebre est sans doute l'endroit le plus approprié pour réfléchir quelques instants à tout cela...

Le Chemin de Saint-Jacques-de-Compostelle qui traverse la Navarre regorge de trésors à découvrir. Se reporter au chapitre correspondant.

Les vallées pyrénéennes.

Cette partie nord de la Navarre est de toute beauté avec ses verts pâturages, ses hauteurs blanches et ses villages traditionnels. De nombreuses vallées tronçonnent ces hauts reliefs et offrent la possibilité de faire de magnifiques excursions. La **vallée de Roncevaux** est largement décrite dans l'itinéraire de Compostelle, c'est pourquoi on ne s'arrêtera pas sur celle-ci. La **vallée du Roncal**, parallèle à celle de Salazar doit sa renommée à la beauté de ses sites et des villages : Burgui, Roncal, Isaba, etc. **La vallée de Batzán** offre aussi des balades extraordinaires à faire en passant par **Elizondo**, capitale historique de « l'université » du Batzán célèbre pour le nombre de ses écussons typiques des maisons des *Indianos* (les enrichis des colonies).

A LA DÉCOUVERTE DU PAYS BASQUE ESPAGNOL

A peine franchi les portes de l' **Euskal Herria**, nous pénétrons dans une région où l'air, la lumière, la terre se ressentent d'une façon différente. Tout y est basque : le vent hargneux du nord-ouest, les montagnes dressées comme des poings, la côte cisaillée et dangereuse par gros temps...

Comme ces pays marqués au fer rouge par l'histoire, le Pays basque est un territoire défendu et revendiqué depuis des siècles par un peuple ardent et fier. Il y a une âme qui vibre, un amour du pays qui s'exprime à travers ces terres si bien cultivées et que les poètes n'ont eu de cesse de chanter en *euskera*, la langue basque originelle toujours conservée et pratiquée. Plus on s'y enfonce, plus on ressent l'identité basque, avec ces murs qui parlent, ces drapeaux rouges aux croix blanches et vertes qui claquent au vent et cette « intranquillité » si caractéristique...

En effet, les Basques sont des gens rudes, besogneux, qui portent le noir et le béret, et n'hésitent pas à s'enflammer aux terrasses des cafés, à s'affronter à la pelote basque ou au tir à la corde. Tel un ouragan qui se déchaîne puis s'apaise, le Basque sait se retrouver autour d'une bonne table, chanter en chœur avec ses convives et s'amuser quand l'occasion se présente !

Le Pays basque est une région qui vit et qui charmera le voyageur avide de folklore et d'authenticité.

San Sebastián, un raffinement fin de siècle.

San Sebastián se dit aussi Donostia et cette touche de féminité convient parfaitement à cette vieille dame mondaine qui a su conserver un maintien digne de rivaliser encore avec Biarritz l'élégante. Il reste ce charme démodé d'un décor rococo qui rappelle les heures de gloire d'une époque révolue.

San Sebastián naît véritablement au XIe s. avec la construction de la ***forteresse sur le mont Urgull*** ordonné par Sanche VII et prend alors une autre dimension qu'un simple port de pêche.

En 1200, la ville joue les orgueilleuses en se plaçant sous la protection d'Alphonse VIII de Castille parce que ce dernier acceptait de lui reconnaître une certaine autonomie en prêtant serment devant les *fueros*. Ainsi San

PLAN DU CENTRE-VILLE DE SAN SEBASTIÁN

Sebastián, fière de ses privilèges, rompt avec le Royaume de Navarre et s'assure une certaine indépendance. Au XIXe siècle, la ville fut assiégée de nombreuses fois par les Français avant d'être libérée par les Anglais en 1813. En 1816, un terrible incendie la ravage et la reconstruction s'inspire du plan des autres grandes villes européennes (avec un schéma d'urbanisation rompant avec la vieille ville médiévale, sombre et fortifiée). San Sebastián devient alors une ville résolument moderne.

Le caprice d'une reine

C'est en 1845, qu'Isabelle II décide de faire de San Sebastián un lieu de villégiature pour sa cour, « Madrid étant devenue insupportable ! ». La haute société aristocratique et bourgeoise s'y retrouve comme les lords anglais allaient prendre les eaux à Bath.

Depuis, San Sebastián est devenue une destination très à la mode, poussant à la dépense et à l'ostentation. Les rues se sont ainsi ornées d'hôtels grand luxe au style pompeux, aux façades avec balcons en fer et aux rues agréablement aérées. L'aura internationale de la ville a fait venir de riches Sud-américains en quête de plaisir mais surtout de reconnaissance sociale. Rien n'est trop beau pour ces hôtes de passage ; des garden-parties aux régates, en passant par les bals, les feux d'artifice et les promenades en calèche. Aujourd'hui ne restent que peu de ces anciens bâtiments cossus, la plupart ont été détruits pendant la seconde guerre mondiale.

Aujourd'hui, les boutiques de luxe ont retrouvé leur clinquant et attirent toujours les Elégantes… Le casino, interdit par Primo de Rivera en 1923, a réouvert ses portes et anime la vie nocturne. Plus que jamais Donostia occupe les fonctions tertiaires, dignes d'un haut lieu touristique. Il est vrai que la beauté du site permet de valoriser au maximum ce secteur. Avec l'île de Santa Clara qui semble fermer la Baie de la Concha comme un bracelet et l'écrin de verdure des collines qui entourent la ville, Donostia s'offre comme une perle dans sa coquille, dans l'incomparable Golfe de Biscaye.

Le festival de cinéma de San Sebastián

Depuis maintenant plusieurs décennies (1953), ce festival a acquis ces lettres de noblesse en mettant à l'honneur le cinéma espagnol et sud-américain et en recevant des films du monde entier. Cet événement culturel, couvert par la presse internationale se déroule en général la deuxième quinzaine de septembre et met en compétition des films de réalisateurs connus et de jeunes cinéastes au talent prometteur. Ce festival attire chaque année une foule de gens, depuis les cinéphiles enthousiastes jusqu'aux guetteurs de stars.

Cent mille personnes font le déplacement pour l'événement. La présence d'un jury de professionnels du grand écran et de grandes pointures du cinéma assurent la validité des récompenses (prix Donostia). Les grands hôtels sont réservés pour l'occasion, ce festival permettant une arrière saison touristique fructueuse. A l'instar du festival de Cannes, celui de San Sebastián est voué aux meilleurs auspices car il inaugure la rentrée en beauté et permet la diffusion internationale du cinéma espagnol.

La Concha

Nos premiers pas nous amènent inévitablement vers le rivage, là où est concentré l'activité balnéaire de la ville. La **Baie de la Concha** est un arc de cercle sablonneux offrant deux belles plages : la ***playa de la Concha***, plutôt familiale, délimitée à l'est par le mont Urgull et la ***playa de la Ondaretta***, plus huppée, finissant par le mont Igueldo à l'ouest. A l'heure estivale, l'une comme l'autre ne désemplissent pas !

Lorsque le crachin s'abat sur la ville, il faut en profiter pour longer le bord de mer, humer les odeurs marines que les embruns viennent tonifier et admirer les hôtels grande classe. Parmi ceux-ci, le palais royal, le ***Miramar*** – de style Tudor – situé de l'autre côté du boulevard est un bel exemple de ces édifices qui donnent tant de cachet à la ville.

En remontant le ***paseo de la Concha*** vers le petit port de plaisance niché au bas du mont Urgull, on s'achemine vers la vieille ville, reconnaissable par ses rues étroites et pittoresques.

Le vieux San Sebastián

Il faut s'y enfoncer et ne pas hésiter à se perdre quelques heures dans ce petit quartier, délimité par le fleuve Urumea plus à l'est.

On préfèrera obliquer par la rue Igentea, après le club nautique, et marcher tout droit jusqu'au fleuve. Le ***pont Zurriola*** qui l'enjambe mérite un arrêt pour son style belle époque. Sur la droite, perdu dans ses jardins, se trouve le beau ***théâtre Victoria Eugenia***. Non loin, toujours sur la rive gauche, dans le même style, le magnifique ***hôtel María Cristina*** s'impose au regard.

En revenant en arrière, sur la gauche de la rue Regente, on est irrémédiablement attiré par la ***rue du Pasajes San Juan*** où les demeures peintes des pêcheurs offrent des façades très plaisantes avec leurs petits balcons fleuris de géranium. Les jours de marché, la rue s'emplit d'une atmosphère chaleureuse et populaire, permettant le contact avec les pêcheurs, les agriculteurs de la région et les habitants de la ville.

On se dirige ensuite vers l'***église San Vicente***, bâtiment de type gothique basque, construit au début du XVIe siècle ; puis, en prenant la calle del 31 de Agosto on accède au ***musée municipal San Telmo***. Ancien couvent franciscain datant de 1551, il est aujourd'hui transformé en lieu d'exposition permanent de la culture basque et regorge de renseignements sur l'ethnographie et la peinture basques (ouv. 10h-13h30, 15h30-17h30, sauf dim. ap.-midi et lun. mat.). En sortant, on traverse la ***Place de la Trinidad*** et on atteint la ***basilique Santa María***. Celle-ci aussi est d'époque gothique mais les traces ne sont visibles que de l'intérieur, l'extérieur ayant été reconstruit au XVIIIe siècle. L'ajout du magnifique portail rococo donne à ce monument un petit air distingué. Cette basilique est très fréquentée par les Basques en raison de l'effigie de saint Sébastien, protecteur de la ville et des pêcheurs, qu'elle conserve mais aussi de la statue de la Vierge du Coro, vénérée localement.

En choisissant la calle Mayor qui appartient au beau San Sebastián avec ses balcons en fer forgé et ses armoiries nobiliaires, on aboutit à la ***Place de la Constitution***, construite en 1813 et dans laquelle se déroulait les principales manifestations culturelles comme les courses de taureaux. Cette place

Bien vivre à San Sebastián

Restaurants

Les restaurants, nombreux en front de mer, satisferont les gourmets avides de poisson et de fruits de mer frais du jour. Les spécialités sont le merlu à la *Koskerra*, la *txangurro* (araignée de mer en sauce), la morue à la *Viscayna*, la morue *al pil-pil*.

Les fervents de l'apéritif se régaleront d'un vin blanc léger, le *txakoli* avec une assiette de fromage de brebis, l'*idiazabel*.

Arzak, *Alto de Miracruz, 21*. Tél. 28 55 93. Restaurant sélectionné pour la qualité de ses mets et de ses plats régionaux. Spécialités de poissons et de calamars accompagnés de plats de légumes succulents (quatre étoiles). Très grande table.

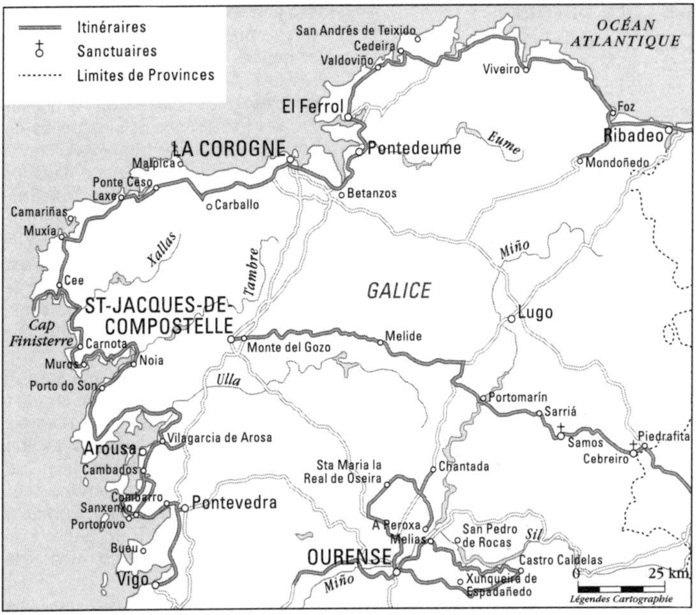

délimite nettement les faubourgs que l'on vient de traverser et la ville mondaine située en bord de mer.

Le mont Urgull

Le chemin qui mène au mont Urgull débute au pied de Santa María. Arrivé en haut, le vent se manifeste et nous offre un bon bol d'air.

Les ruines du ***Castillo de la Mota*** trônent à côté d'une statue du Christ, nous rappelant que la garde de la cité est encore dans les mains de Dieu ! Un musée militaire rend hommage à l'ancienne vocation défensive de la cité. La vue magnifique que nous avons sur San Sebastián et son arrière-pays mérite cette petite ascension. Pour redescendre, prendre par le ***Paseo Nuevo*** qui passe devant l'***aquarium***, où les plus belles espèces de poissons de la région sont exposées.

L'Espagne des grandes places

Le centre ville se remarque au quadrillage parfait de ses rues et aux places nombreuses qui l'aèrent.

Il y a la ***plaza de la Constitution*** que l'on a vu précédemment, La ***Plaza de Guipúzcoa*** qui est entourée du ***bâtiment de la Diputación***, immense bâtisse réservée à l'administration provinciale, la ***plaza de Cervantès*** devant le Miramar , fleurie et arborée, la ***plaza del Buen Pastor*** avec la cathédrale néo-gothique du même nom, etc.

Ce schéma urbain de la plaza mayor se retrouve, du fait de la colonisation, dans les pays hispaniques de l'Amérique latine.

Le mont Igueldo

La visite de la Baie de la Concha peut se terminer par ce promontoire boisé, qui s'élève comme une tour de garde et offre une vue similaire à celle de sa jumelle d'en face. Un funiculaire permet d'accéder au sommet, où l'on trouve une sculpture en fer, *La Peine del Viento* (« Le peigne du vent ») de l'artiste contemporain Chillida et un parc d'attraction.

Du bas de l'Igueldo, on peut embarquer pour l'***île de Santa Clara*** puis faire le tour de la baie et découvrir un magnifique panorama d'ensemble.

La côte basque.

Ce littoral rocheux offre de nombreux trésors à découvrir : les criques inaccessibles par la terre, les petits ports pittoresques, les monuments anciens, etc. De Donostia à la limite de la Cantabrie, la route du bord de mer est un axe touristique principal et d'une grande beauté.

Avant San Sebastián : **Fuenterrabía** est un petit port situé sur l'estuaire de la Bidasoa dont le charme réside dans ses remparts, ses ruelles tortueuses, ses maisons de pêcheurs pittoresques et son ancien château, qui a appartenu à Charles Quint et qui est aujourd'hui transformé en *Paradore* de grande classe.

A 44 km de San Sebastián : **Zarautz** est une ville balnéaire qui propose un hébergement de qualité et des loisirs variés. Les amateurs de belles plages seront ravis. Les curiosités à voir sont : l'***hôtel de ville*** et l'***église Santa María la Real***, tous deux du XVIIIe siècle, le ***palais du marquis de Narros*** et son parc et la ***torre Lucea***, manoir gothique bien conservé avec ses quatre étages.

A 4 km, ***la Grotte des Sorcières***, juchée au cœur des reliefs navarrais offre une visite d'une heure et permet de remonter au temps des bûchers et des heures noires de l'Inquisition.

A 49 km : **Guetaría** est un petit port bien protégé dans ses parois rocheuses avec ses habitations et ses ruelles en pente. Ici est produit le *txakoli*, ce vin blanc léger que l'on déguste dans les petits restaurants. L'***église San Salvador*** (XIIIe-XIVe s.) vaut le détour pour les superbes retables, du XVIIe siècle, qui y sont exposés. La ville est aussi connue pour y avoir vu grandir le premier grand navigateur, Juan Sebastián Elcano et possède un monument à son honneur.

A 54 km : **Zumaya** est une station balnéaire en même temps qu'un port de pêche et de commerce. A la sortie de la ville, la ***villa Zuloaga*** est un ancien ermitage compostellan du XIIe s. transformé en musée (œuvres de Zuluoga, du Greco, Goya, Zurbarán et un Quentin de la Tour. Ouvert de juin à sept., sauf le dim. ap.-midi et le jeudi mat.).

A 125 km : **Guernica** est une ville dont l'intérêt historique impose une halte. Elle demeure un lieu de mémoire pour les Basques. Le chêne de la ville, symbole de la liberté depuis le Moyen Age, reste une curiosité à

GUERNICA : L'ART POUR MÉMOIRE

Le 26 avril 1937, le village de Guernica est la proie de bombardements d'une violence inouïe causée par la légion Condor de la Luftwaffe. Cinquante tonnes de bombes sont larguées et le village est anéanti. Ce drame qui a marqué la mémoire collective et suscité une émotion internationale, s'est déroulé un jour de marché à une heure où il était le plus fréquenté. L'acharnement des avions allemands était destiné à servir d'exemple et à écraser dans l'œuf toute tentative de résistance dans une région considérée comme rétive. Guernica, berceau du nationalisme basque, ne devait plus poser de problème... Les Basques ont imputé à Franco ce raid militaire des nazis et l'ont toujours gardé en mémoire.

Révolté, Picasso a imaginé un fameux tableau intitulé simplement *Guernica* ; il relate la tragédie, et est réalisé sciemment en noir et blanc. Picasso signait ainsi son engagement en tant qu'intellectuel dénonçant la barbarie. Long de 4 m sur 7, sa force d'impact réside dans son message politique, lequel dépassait et dépasse toujours le cadre des évènements d'alors. Ce tableau, compromettant pour la dictature, fut interdit d'exposition pendant des décennies par Franco. Etrangement l'œuvre n'est pas exposée aujourd'hui au Pays basque mais à Madrid, au *Centro de Arte Reina Sofia*, annexe du Prado.

L'exubérant musée Guggenheim à Bilbao.

voir. Sous ses branchages, on élisait un conseil de chefs et le roi de Biscaye y prêtait serment aux *fueros*. L'***église Santa María*** possède des vitraux qui représentent la Cène.
En 1936, Aguirre est élu au parlement basque et ressuscite la tradition en prêtant serment sous le chêne. Lors de la seconde guerre mondiale, Guernica est rasée ; ne restent debout que la vieille église, la ***Casa des Juntos*** et le chêne centenaire. En 1979, la ville obtient un statut particulier qui lui concède une large autonomie et qui permet de régulariser ses relations avec Madrid. Outre ces souvenirs, la ville totalement reconstruite n'offre rien d'attrayant si ce n'est une fresque murale d'inspiration pacifiste, intitulée *Les Basques au travail*.
A 200 km, toujours sur la côte, **Santurce** est un port de pêche (10 km de Bilbao). Les habitants des environs viennent y déguster des sardines grillées à la braise et célébrer, le 16 juillet, la Vierge du Carmen, commémoration en l'honneur des marins qui ne sont jamais rentrés au port.

Et bien sûr quelques grottes...

Dans la Province de Guipúzcoa, la ***grotte d'Altxerri***, dans la commune d'**Aya**, est célèbre pour ses dessins d'animaux rarement représentés, comme le renard ou les poissons.
Une deuxième grotte, dans la commune d'**Ekain**, contient un total de 50 dessins ; parmi lesquels un remarquable groupe de chevaux bicolores.
Dans la Province de Vizcaya, la ***grotte de Santimámine***, dans la commune de **Cortézubi**, montre un remarquable parallélisme avec les peintures du « Salon Noir » de Niaux, en France.
Dans la même Province, la ***grotte de Covalanas*** offre un magnifique ensemble, dont un groupe de 17 biches.

Bilbao, la Liverpool espagnole.

La première impression que l'on a de Bilbao peut être assez désagréable. Cette ville noire, saturée d'usines et de fumée appartient à ces pays industriels de l'Europe occidentale dont le visage est ravagé à jamais. Les révolutions industrielles y ont laissé des cicatrices ineffaçables.
Très tôt, Bilbao a affirmé son caractère industriel, et ce, peu de temps après sa fondation en 1300 par Haro. Pendant les XIVe et XVe siècles, la laine de Castille y est traitée et exportée.
Puis, ses gisements de fer vont lui permettre, dans un premier temps, d'envoyer sa production brute vers l'Angleterre et, fin XIXe s., de fabriquer des produits finis. La vallée du Nervión se transforme en Ruhr ibérique sur 14 km.
Les chantiers navals, les aciéries, les exploitations de fer de Galdames et de Triano ainsi que les hauts fourneaux de Barakaldo s'égrènent le long du fleuve, lequel a été aménagé pour transporter des pondéreux. Ce grand complexe industrialo-portuaire a permis pendant des années à la ville de vivre dans la prospérité ; mais, depuis les années 1980, il est en grande difficulté. Bilbao est aujourd'hui une ville tentaculaire de 430 000 habitants.

Bilbao est au XIXe siècle une cité libérale qui subit de nombreux sièges pendant les guerres carlistes. Cela lui a valu le nom de « ville des sièges ». Le grand auteur Miguel de Unamuno

Miguel de Unamuno : un témoin des sièges de Bilbao au XIXe siècle

Cet écrivain, poète et philosophe espagnol (Bilbao, 1864 - Salamanque, 1936) a vécu dans sa ville natale une partie de sa jeunesse et a connu les guerres carlistes qui s'y sont déroulées jusque dans les années 1873-74. Bien qu'âgé seulement de dix ans, il a été profondément marqué par le conflit entre les libéraux, partisans d'un gouvernement démocratique et laïc et les conservateurs inconditionnels d'une cléricalisation de la société civile et politique. La vieille monarchie incapable de réformes et prête à tout pour garder son trône lui a inspiré, par la suite, un certain mépris, lui qui revendiquait des changements radicaux pour une nouvelle vie moderne. Ses positions lui ont rendu la vie difficile, surtout sous la dictature de Primo de Rivera, puisqu'il fut exilé sur une île des Canaries jusqu'en 1930. En 1936, il récidive à Salamanque où il a retrouvé son poste de recteur de l'université. Les franquistes l'interdisent de parler lors d'un meeting et il n'a que le temps de lancer : « Il est des moments où se taire, c'est mentir ! Il ne suffit pas de vaincre, il faut convaincre ! ».

Cet essayiste espagnol a marqué la vie culturelle, sociale et politique de son pays. Une de ses œuvres reste dans l'histoire de la littérature espagnole : *Le sentiment tragique de la vie*.

est un témoin privilégié de cette période. Bilbao s'illustre aussi comme une grande puissance financière et son dynamisme est ressenti jusque dans son architecture car l'élite urbaine de la ville y a investi de l'argent et fait édifier de nombreux bâtiments de prestige. La richesse de Bilbao a permis la construction de la *City* et de monuments de prestige comme le ***théâtre de Arriaga***, en 1890 le long du Paseo del Arenal, l'***Ayuntamiento*** en 1892 logé dans le coude du fleuve ainsi que le ***Palacio de la Diputación***. Ces édifices ainsi que les grandes places ont donné une autre image de la ville, plus proche de ce qui se faisait alors en Europe du Nord.

La vieille ville médiévale typique se trouve sur la rive concave droite du Nervión. Elle se reconnaît à ses petites rues tortueuses au nombre de sept et qui portent des noms de métiers anciens (comme la *calle de la Carnicería*, la rue des bouchers ou la *calle de la Tendería*, la rue des teinturiers, etc.). Toutes convergent vers la ***cathédrale romane Santiago***, édifiée en raison de sa place sur le Chemin de Saint-Jacques-de-Compostelle.

Toujours dans le quartier, au bord du Nervión, l'***église San Antón*** (XIVe s.) s'élève à la place d'un ancien château. De plan carré et de taille réduite, cet édifice religieux possède une porte gothique et une autre de la Renaissance ainsi que des cloches baroques. Construite par un architecte flamand, Guiot de Beaugrant, cette église est une jolie curiosité à visiter.

En remontant, la ***plaza de Encarnación*** contient l'***église et le couvent Santo Domingo*** qui datent tous deux de 1513. Un portail Renaissance et deux beaux sépulcres du XVIe siècle ornent l'ensemble conventuel.

Plus au nord, se trouve l'église ***San Nicolás de Bari*** (mi-XVIIIe s.). De style baroque, elle est dédiée au saint patron des navigateurs. Un ascenseur permet d'accéder au sommet de la colline de Begoña et de visiter la basilique. Le **quartier de l'Arenal** est un lieu de détente et de promenade très apprécié des habitants, car les espaces verts sont assez peu nombreux à Bilbao.

La rive gauche est le quartier des affaires. La ***plaza F. Moyua*** où est érigé le monument représentant Haro, le fondateur de la ville, concentre dans ses environs les banques, le palais de la Diputación et le Gouvernement civil. La gare , située à côté de la plaza de España dessert le centre ville.

La relève artistique

Comme si Bilbao voulait compenser les désastres de ses implantations industrielles, elle s'est dotée au fur et à mesure d'un important patrimoine culturel.

Le prestigieux ***musée des Beaux Arts***, situé à l'angle de la calle Elcano et de celle d'Aguirre, dans le magnifique ***parc de Doña Casilda de Iturriza*** contient de belles collections de peintures espagnoles mais aussi hollandaises, flamandes, italiennes, etc. (ouvert tous les jours, sauf lun., 10h30-13h et 15h30-19h). Le ***musée Historique de Biscaye*** est spécialisé dans les objets d'art populaire et les objets archéologiques (mêmes horaires que le musée des Beaux Arts).

Le ***théâtre Arriaga,*** bâti fin XIXe s., offre des spectacles de grande qualité et ce, dans un cadre grandiose. Les amateurs de galeries se régaleront en visitant l'***espace Cansonni***, situé dans une usine désaffectée, lieu d'expression *underground*, au 12 de l'Alameda de Recalde. Pour avoir plus de précisions, contacter l'Institut français. Enfin, la dernière acquisition est le gigantesque musée Guggenheim.

Le Musée Guggenheim

La Fondation Salomon R. Guggenheim n'est plus à présenter. Forte de ses trois musées d'une qualité exceptionnelle (deux à New York, un à Venise), la Fondation repose sur les merveilleuses collections de Salomon Guggenheim, magnat du cuivre et qui a consacré une partie de sa vie, depuis 1927, au mécénat. N'achetant que de l'art moderne et contemporain, ce philanthrope original cherchait à élever la conscience et le niveau d'éducation des hommes et des femmes, en promouvant l'art sous toutes ses formes. Complétée par la suite par sa nièce Peggy Guggenheim, la Fondation offre une variété d'œuvres d'art pratiquement inégalée dans le monde entier.

Les représentants basques, en contactant cette dernière, avaient su percevoir, dès les années 1980, l'intérêt que représentait un tel musée pour la revitalisation de Bilbao. C'est le 27 février 1992 qu'un accord est conclu entre le gouvernement basque et les dirigeants de la Fondation ; le montant des travaux a été de 100 millions de dollars !

La construction est entamée dès l'année suivante. Le musée lui-même est une œuvre à part entière, une véritable prouesse architectonique avec l'assemblage de matériaux aussi différents que le verre, le titane, l'eau, l'acier ou la pierre. L'architecte américain Franck O'Gehry a su donner à l'ensemble une apparence chaotique, avec des contrastes de volumes et de formes. Cet édifice, qui fait d'ores et déjà partie des plus prestigieuses constructions du XXe siècle, s'intègre

Bien vivre à Bilbao

Pour tout renseignement, s'adresser à l'**Office municipal de tourisme**, *Arriaga, 11*. tél. 901 300 600. De 9h à 14h et de 16h à 19h30.

Acheter la *Ría del Ocio* pour savoir où sortir.

Restaurants

Goizeko-Kabi, *Particular de Estrauzana, 4-6*. Tél.441 50 04. (fermé dim.). Cuisine basque traditionnelle de grande qualité avec des produits du jour. Une carte variée et vraiment appétissante.

Gorrotxa, *Alameda Urquijo, 30*. Tél. 443 49 37 (fermé dim.). Une des meilleures adresses de Bilbao. Surprise du décor mais aussi de la cuisine savoureuse et d'un service soigné.

Iturriaga, *Alameda de Mazarredo, 20*. Tél.423 83 90. Cuisine trois étoiles où l'on se régale du marché du jour dans un beau décor.

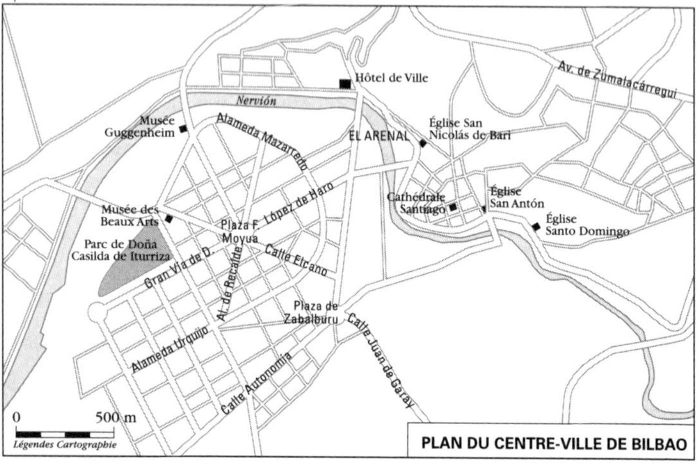

PLAN DU CENTRE-VILLE DE BILBAO

parfaitement dans l'espace urbain et industriel de Bilbao.

Le musée offre une superficie totale de 24 000 m^2 dont 11 000 m^2 sont réservés aux salles d'exposition. Les expositions temporaires et les œuvres de grand format trônent dans une galerie exceptionnelle de 30 m de long ! Le rez-de-chaussée est structuré autour de l'art américain des années 1960 (pop art, art minimal, art conceptuel avec Kiefer, Francesco Clemente, Richard Serra...).

Le premier étage s'intéresse à l'expressionnisme américain (de Kooning, Rothko, Still...). Le dernier étage rassemble l'art moderne européen avec des œuvres de Matisse, de Braque, de Picasso, de Kandinsky, de Mondrian mais aussi des artistes plus contemporains comme Tápies et Chillida, etc. Ouvert tous les jours, sauf lun., de 11 h à 20 h. Informations : tél. 34 94 435 90 80. Adresse : de l'autre côté de l'alameda de Mazarredo, au bord du Nervión, au nord de l'Ensanche.

La montagne basque.

En s'éloignant quelque peu de la côte, les altitudes s'accroissent offrant la possibilité de faire de belles promenades. Les itinéraires suivants proposent quelques pistes à explorer.

L'arrière pays de San Sebastián recèle de petites routes que l'on parcourt aisément, l'inconvénient étant que l'on ne trouve nulle part la solitude pleine et totale !

Depuis **Azpeitia**, où des restes uniques d'architecture mauresque *mudéjar* subsistent, on peut pousser jusqu'à **Loyola**, village du fondateur de l'ordre des jésuites au XVIe siècle, transformé en lieu de pèlerinage puis de là aller à **Oñate**, petite ville charmante, site universitaire et bastion carliste lors des guerres du XIXe siècle. La balade surprend par la beauté de ses paysages mais aussi par sa gastronomie locale de qualité.

L'excursion se poursuit à **Elorrio** où l'ancienne aristocratie avait bâti des palais et des villas somptueuses et peut se terminer à **Durango**, ville industrielle dont le balcon situé sur la montagne Oiz, offre un panorama grandiose de toute la vallée.

A partir de Bilbao, il est aussi possible de faire un parcours en montagne. Si l'envie se fait sentir de vivre comme les Biscayens, alors il faut se rendre à **Balmaseda** et, de là, aller à **Villasana de Mena**, une vieille ville d'âge roman. La belle vallée du fleuve Cadagua est le rendez-vous des citadins qui viennent y passer le week-end car elle permet de faire de très belles randonnées.

Un peu plus loin, la balade rejoint **Lezana**, **Vallejo** et **Epinosa de los Monteros** et donne à voir quelques curiosités médiévales ainsi qu'un site préhistorique, les ***grottes de Sotoscuevas***.

Vitoria, petite capitale provinciale.

Cette ville élevée au rang de capitale de la Province de l'Alava compte aujourd'hui 210 0000 habitants et semble la moins bascophone des trois Provinces. Peut-être a-t-elle su conserver quelques traits de la période wisigothe, comme son second nom *Gasteiz*, l'indique ; de façon plus certaine elle a du subir l'influence du carlisme et est restée plus fermée au nationalisme basque.

Vitoria a tout de même su cultiver son caractère farouche en relevant la tête devant le roi de Navarre Sanche VI et en gardant les poings serrés malgré une terrible défaite. Fortifiée et à vocation militaire, la ville commence alors à s'étendre mais elle ne prend son envol qu'avec l'activité commerciale et l'implantation d'artisans comme le précisent le nom des petites rues du vieux quartier de Vitoria.

Au XVe siècle, sa situation internationale entre la Castille et le débouché maritime explique son effervescence commerciale et confirme sa place dans le transit des marchandises. Malheureusement, il ne reste plus rien du quartier juif et des bureaux des marchands de laine de l'époque. C'est encore son accès à la mer, position stratégique, qui lui a valu les convoitises de Napoléon. Mais Vitoria a fait montre d'une farouche résistance antifrançaise. C'est finalement Wellington qui a libéré la ville en mettant en déroute les troupes de Jourdan lors d'une terrible bataille en 1813.

Loyola et la création de l'Ordre des jésuites

Un culte particulier est rendu au fondateur de l'Ordre des jésuites, Ignace de Loyola dans l'église de sa ville natale (qui porte son nom). Les fervents religieux s'y pressent car c'est de cet homme, farouchement oppose aux principes de Luther et du protestantisme, qu'est né véritablement le mouvement de la Contre-Réforme catholique. La Compagnie de Jésus est fondée en 1539 et est approuvée par le Pape Paul III, l'année suivante.

L'action de l'Ordre est basée essentiellement sur l'enseignement au travers de collèges implantés un peu partout dans le monde et sur une vocation missionnaire pour répandre la bonne parole et évangéliser des populations encore fermées au christianisme. Aujourd'hui encore, on compte quelques 24 000 jésuites dans 110 pays.

Une ville perchée

Ses fondations se trouvent en haut d'une colline et datent du Moyen Age, époque où les sites perchés permettaient une meilleure défense. Le charme ancien est resté intact avec sa ***vieille cathédrale*** gothique du XIVe siècle, ses palais seigneuriaux, ses couvents, ses porches sculptés, ses hôtels armoriés, chacun contenant des objets précieux et rares. Le ***musée provincial des Beaux-Arts*** offre une palette de chefs d'œuvre anciens ainsi que des tableaux modernes.

La ville moderne s'étale au bas du promontoire, à partir de la ***Plaza de España*** et regroupe les quartiers résidentiels et industriels.

Une petite promenade de 3 km est à faire, de la ***plaza de los Fueros*** jusqu'à la ***basilique d'Armentia***. Il faut traverser le ***parque de Florida*** et passer devant le parlement basque et la ***nouvelle cathédrale*** gothique. Partout les graffitis nationalistes s'exposent librement sur les murs nous rappelant qu'ici se raviva le brûlot identitaire basque dans les années 1960.

On peut visiter les ***musées d'art et du jeu de cartes*** puis finir par le ***parc del Prado*** et la contemplation de la ***basilique San Prudencio***.

LE PAYS CANTABRE ET LE ROYAUME ASTURIEN

Ce petit bout de territoire coincé entre le Pays basque et la Galice souffre de n'être pas plus connu car pourtant, de l'avis du plus grand nombre, c'est une des plus belles régions d'Espagne. Ses côtes à *rías* accidentées voisinent avec des plages magnifiques que l'océan atlantique vient lécher de son écume blanche.

La montagne en arrière plan, toute de vert vêtue avec quelques touches de gris rocheux accompagné du blanc immaculé des neiges éternelles, semble sortie d'un monde magique… Les campagnes égayées par les vergers en fleurs, les prairies verdoyantes et les fermes en bois et en pierres séduisent le voyageur, surpris d'une mise en valeur si réussie.

Littoral et terres intérieures méritent plus qu'un détour. C'est cette unité géographique de la Cantabrie et des Asturies qui fait que l'on ne peut pas les dissocier lors d'un itinéraire régional même si l'histoire, elle, en a décidé autrement.

Depuis le Néolithique, où chasseurs et artistes des cavernes ont habité ce coin de péninsule, la région s'est enrichie d'autres apports humains et a affirmé, grâce à ses ressources, plusieurs vocations comme l'agriculture, la pêche et l'industrie. Au cours de l'histoire, la **Cantabrie** a choisi de devenir une enclave castillane alors qu'au contraire les **Asturies** ont cherché à échapper à toute emprise extérieure. Aujourd'hui, toutes deux misent plutôt sur leur complémentarité ; ainsi pour le tourisme, lequel bien qu'en expansion, reste un défi commun à relever.

Les grottes préhistoriques

La région cantabrique est certainement la plus fournie en grottes et cavernes préhistoriques de toute la Péninsule.

Pour visiter le site d'**Altamira**, il est nécessaire d'écrire longtemps à l'avance, pour réserver, au centro de Investigación de Altamira, Santillana, Cantabria 39 330. Salle aux stalactites et salles didactiques ouvertes de 9h30 à 14h30, fermées le lundi. La grotte se trouve non loin de Santillana. Toujours dans les environs immédiats, les inconditionnels des cavernes visiteront le site de **Puente Viesgo** et admireront ses stalactites (10h-12h15 / 15h-18h15) en continuant sur Torrelavega.

Museo de Prehistoria y arqueología de Santander : *C/ Casimiro Sainz 4*, 9h-13h, sam.dim.11h-14h.

Museo arqueológico de Oviedo : *C/ San Vivent 3*, 10h-13h30 et 16h-18h, fêtes 11h-13h. Fermé lundi et dim.

Grottes de Tito Bustillo à Ribadesella : 10h-13h et 15h30-17h15, fermé lundi en hiver, dim en été.

Grottes de Pindal à Ribadedeva : 10h-12h30 et 16h30-18h30, fermé lundi.

Aux Asturies, la visite des sites mille fois millénaires passe par les grottes de **Arbedales** à côté de La Peral le long de la côte alors que celles de **Valporquero** se trouvent tout en haut de la Cordillère cantabrique près de Villamarín. Toutes deux s'illustrent par la beauté de leurs stalactites dont l'entremêlement ajoute au scintillement des eaux. **Vidiago**, près de Llanes, possède avec fierté l'Idole de *Peña-Tu* (objet néolithique) et la grotte paléolithique de **Pimiango** abrite des peintures saisissantes comme cet éléphant représenté avec un cœur dessus.

La région cantabrique.

La Côte verte de Santander à Gijón

Elle connut ses heures de gloire durant l'âge d'or de la vieille Castille puisqu'elle servait de débouché maritime à la capitale.
La flotte de la côte cantabrique devint de plus en plus importante au XVIe siècle. Les ports du Golfe de Gascogne, parce qu'ils s'ouvraient aux échanges atlantiques avec le nord de l'Europe, étaient étroitement liés à la prospérité de la Péninsule.

Castro Urdiales et Laredo

Ces deux ports ont hérité des investissements réalisés fin XIXe s. par les *Indianos*, ces Espagnols ayant fait fortune aux îles et qui rentrèrent quand les dernières colonies furent perdues. Agrandis et servant de ports secondaires à Bilbao, ils restent toujours axés sur la pêche.

Aujourd'hui **Castro Urdiales** attire encore les couches aisées des grandes villes de l'Espagne du Nord, phénomène que soulignent les splendides constructions côtières. Les belles ***plages de Brazomar*** et celle ***d'Orinón*** y sont aussi pour quelque chose ! Autrefois se dressait une citadelle médiévale, le ***château de Santa Ana***, qui abritait les chevaliers du Temple, lesquels offraient l'hospitalité aux pèlerins de St-Jacques. Ses ruines sont encore visibles sur la presqu'île attenante au village et sur laquelle on trouve aussi l'***église gothique Santa María***.
A **Laredo**, l'attraction principale demeure son magnifique croissant de sable qui ravit chaque année de nombreux estivants ! La petite cité offre, de plus, quelques curiosités à voir comme son église gothique et son hôtel de ville Renaissance et propose l'été une bataille de fleurs sur la place centrale.

Santander la Madrilène.

Sa fonction portuaire a perduré du Moyen Age à nos jours et est devenue très importante pour le développement économique de la ville. Mais c'est la douceur du climat qui en fait aujourd'hui la destination préférée des habitants de Madrid durant la saison chaude.

Outre les belles plages qui l'ornent, Santander est une ville à vivre. Bien qu'un incendie ait ravagé la partie ancienne de la cité en 1941, le ***quartier del Sardinero*** a conservé ses bâtisses vieille époque. Balnéaire et résidentiel, ce quartier comprend le ***Gran Casino del Sardinero*** qui longe le rivage et dont l'élégance Belle Epoque rappelle que les grands du siècle dernier y étaient les principaux invités. L'***université internationale Meléndez*** et l'***hôtel Real***, de par leur architecture fin de siècle, complètent l'ensemble.

L'été, s'y déroule le grand festival international de musique et de danse (voir notre chapitre « Un pays qui danse »). La peinture est aussi à l'honneur dans le ***musée municipal des Beaux-Arts***, calle Rubio, car on y trouve des tableaux célèbres de Goya, de Zurbarán mais aussi des œuvres d'artistes régionaux contemporains. Une galerie de portraits

BIEN VIVRE À SANTANDER

Restaurants

Bar del Puerto, *Hernán Cortés, 63.* Dégustation de fruits de mer et de poisson frais. Cadre agréable et bon accueil.

La Sardina, *Doctor Fleming, 3.* Spécialités régionales de poisson. Restaurant charmant en forme de bateau et le rapport qualité-prix est intéressant. Tél : 27 10 35.

Sorties

Casino, *plaza de Italia.* Tél : 27 60 54.

Shopping

Les spécialités régionales se trouvent au beau magasin Mantequerías Cántabras, *plaza de Italia.*

vous fera découvrir les visages des rois et des reines espagnols ainsi que celui de Franco. Le ***musée de la préhistoire*** qui se trouve dans le palais de la Diputación mérite un arrêt (voir adresse dans l'encadré « Les grottes préhistoriques »).

La côte Cantabrique recèle d'autres petits trésors comme **Comillas**, **San Vicente de la Barquera**, **Llanes** et **Ribadesella** qui s'égrènent en direction de Gijón.

Santillana del Mar, joyau du XVIIe siècle.

Ce petit village typique a su conserver son caractère historique issu du XVIIe siècle. C'est la noblesse de Santander qui y a fait bâtir des demeures parées des blasons des plus grandes familles.

De l'extérieur, les beaux balcons ornés de fleurs sont remarquables ainsi que les toits majestueux qui s'étirent sur le devant des constructions. Ces palais ont été bien restaurés et permettent de mesurer combien il était doux jadis de venir se retirer quelques temps à la campagne...

Mais avec la proximité des ***grottes d'Altamira***, la fréquentation touristique de Santillana frise l'hystérie pendant la période estivale. Même la petite ***église romane Santa Juliana*** a du mal à conserver une atmosphère de recueillement.

Gijón, au cœur des Asturies.

Cette grande ville se trouve être le port de la capitale Oviedo, plus en retrait dans les terres. Industrielle, portuaire, mais aussi centrée sur la pêche, Gijón possède une plage dans la Baie de San Lorenzo.

La visite du ***quartier Cimadevilla*** près du port, permet d'arpenter un des derniers vieux quartiers populaires. Prendre un verre de cidre local s'impose alors comme un sacerdoce ! Les monuments anciens conservés sont les ***thermes romains de Campo Valdés*** et le ***palais de Revillagigedo*** d'architecture Renaissance.

Les flâneurs pourront se rendre dans le ***parc Isabelle la Catholique*** où un

Santa María de Naranco à Oviedo

vieux moulin, restauré et devenu un *Parador*, propose des consommations dans un cadre enchanteur.

Les promeneurs solitaires et romantiques se délecteront d'une balade au ***Cabo de Peña***, promontoire rocheux où le vent souffle avec une rare furie et que l'on peut comparer à la Pointe du Raz. Aux alentours de la ville, **Luanco**, **Avilés** et **Luarca** sont à découvrir si on a un peu de temps.

Oviedo, « un poème de pierre » (Clarín).

Ancienne et dernière capitale wisigothe, Oviedo reste un symbole pour les Asturiens. Farouches résistants aux invasions sarrasines dès le VIIIe siècle, ils se sont toujours considérés comme les seuls vrais Espagnols, jugeant que le reste de la Péninsule avait failli devant l'oppresseur arabe ! En effet, Pélage et trois cents autres nobles retranchés dans les hauteurs inaccessibles des *Picos de Europa* ont tenu la dragée haute aux musulmans et ont créé un sanctuaire à **Covadonga** en l'honneur de la Vierge, leur protectrice.

Les Asturies sont toujours restées dans le cocon royal puisqu'il paraît que leurs nourrices allaitaient les enfants des souverains ! Oviedo s'illustre aussi par ses gisements de fer et de zinc, qui sont à l'origine de l'industrialisation de la région et de la forte concentration ouvrière dans ses vallées bordées de collines verdoyantes. L'année 1934 a marqué les esprits par la violence des révoltes ouvrières et leur écrasement sanglant... Ne serait-ce que par son histoire mouvementée, Oviedo ne peut rester à l'écart d'un itinéraire touristique.

Le centre historique concentre les vestiges religieux datant du Moyen Age mais c'est bien sa cathédrale, la ***basilique del Salvador***, de style gothique flamboyant qui s'impose aux regards. Son architecture composite, qui a inspiré le célèbre poète Clarín dans son roman *La Regenta*, n'offre pourtant qu'un gothique sans fantaisie où s'est immiscée une touche romane, *La Cámara Santa* (IXe s.). En partie détruite par les bombardements, la crypte royale a pu être conservée et ô miracle ! un coffret précieux contenant des reliques, la Croix de la Victoire et la Croix des Anges ornée de rubis est resté intact durant tout ces siècles !

La cathédrale recèle aussi d'autres trésors comme le magnifique retable du maître-autel plateresque sur lequel sont représentées des scènes de la vie du Christ ou comme les belles rosaces et les trois magnifiques portails sculptés du XVe siècle.

Les autres monuments sont l'***église romane San Tirso*** modifiée par rapport à l'édifice d'origine, l'église de style Renaissance ***Santa María la Real***, le ***monastère San Vicente*** qui abrite le musée archéologique, mais aussi le ***palais de l'évêque***, l'***Université***, l'***hôtel de ville*** du XVIe s. et le ***couvent Pelayo***. On pourra faire un détour par le beau ***parc San Francisco*** et voir la ***source de Foncalada*** murmurer de douces choses aux amoureux !

Après la découverte de ce patrimoine riche et varié deux autres bijoux artistiques nous attendent sur la colline voisine... Les églises préromanes typiques de l'art asturien remontant à l'époque du roi Ramire Ier : ***Santa María de Naranco*** et ***San Miguel de Lillo***. Un peu plus loin et toujours de la même époque se trouve l'***église Santa María de Bendones***.

Bien vivre à Oviedo

Office du tourisme : *plaza Alfonso II el casto 6*, tél. 21 33 85.

Cafés

Marcelino, *calle Santa Clara*. Ambiance conviviale assurée.

Barnabe, *calle Barnabe*. On y appréciera le cidre et le rosé maison, ainsi que les empanadillas de poissons et les pinchos de cabrales.

Restaurants

Trascorrales, *Plaza Trascorrales*. Tél : 522 24 41. Ambiance raffinée, cuisine savoureuse, produits frais.

Casa Fermín, *San Francisco, 8*. Tél : 521 64 52. Intérieur élégant et cuisine régionale de qualité.

Trésors de montagne.

De nombreuses excursions se font dans la montagne Cantabrique et permettent de découvrir les beautés cachées, parce que sauvages, de ces reliefs. Entre Cantabrie et Asturies se trouve le **Parc national de Covadonga**.

Les vallées fluviales de la Trubia, du Nalón, du Cares offrent des chemins de randonnées bien balisés ainsi que des structures d'hébergement qui permettent d'effectuer des circuits de quelques jours. Les cols de la Cordillère offrent des vues splendides sur la mer d'un côté et sur les terres arides de León de l'autre.

Pour choisir un itinéraire, il faut se renseigner aux offices de tourisme, lesquels sont bien fournis en petits guides régionaux.

La zone montagneuse des Oscos à la limite de la Galice, encore peu parcourue par les touristes, comblera les amateurs d'authentique et les rêveurs solitaires.

« Finisterre, Irlande, Bretagne, la Galice espagnole, le Portugal, les premières îles de l'océan... Au fond de leur âme, la panique. La panique acquise immédiatement du temps où ces terres se trouvaient au bord d'une mer à laquelle on ne connaissait pas de limite. On n'occupe pas impunément une loge d'avant-scène dans le théâtre du mystère. ». Eugénio d'Or, *Du baroque*.

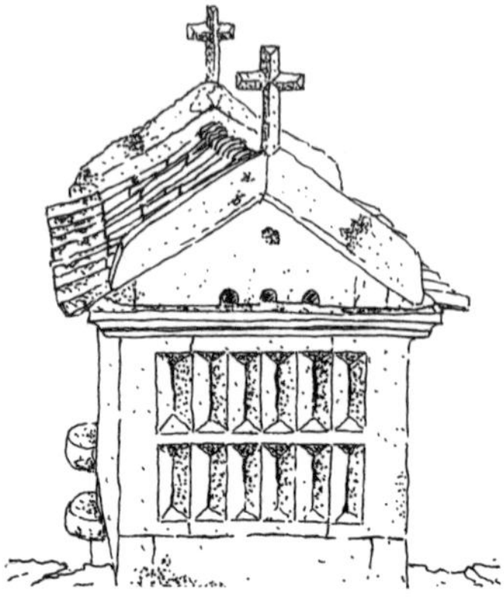

L'hórreo est le grenier galicien typique

Santiago,.la Millénaire.

Depuis l'époque du Romantisme jusqu'à aujourd'hui, il n'y a pas eu un seul écrivain galicien qui n'ait proclamé sa dévotion pour Saint-Jacques, pour la beauté de ses pierres, pour sa lumière. La ville magique, la ville de la lumière divine est née de la dévotion aux reliques du saint Apôtre. C'est peut-être pour cela que, dans cette ville, chaque visage, chaque pierre, chaque recoin exhale une impression vivace. Saint-Jacques, patrimoine artistique de l'humanité – le terme n'a jamais été aussi bien employé – est une peinture des mœurs. Ici cohabitent des artisans et des bourgeois, des chanoines et des révolutionnaires, des paysans et des patrons de bistrot, des poètes et des politiques, des rois et des mendiants. Mais cette ville, dont l'âme est paysanne, est aussi au cœur de l'Europe, au cœur du monde chrétien. Ici le vent emporte les voix en soixante-quinze langues différentes, celles des pèlerins qui chaque année la découvrent et apprennent à l'aimer.

Le cœur de la ville : la cathédrale

Lorsqu'on arrive en ville, depuis le nord ou l'ouest, par la rue Jean XXIII, on débouche presque immédiatement sur l'une des grandes réussites de l'urbanisme espagnol du siècle des Lumières : la ***plaza del Obradoiro*** ou « l'ouvrage d'or » (ancien grand atelier des tailleurs de pierre). Cette place, ensemble de styles et d'époques, est dominée par la façade principale de la cathédrale ou ***façade de l'Obradoiro* (1)**, du XVIIIe s., cime spectaculaire du baroque compostelan. Elle est surmontée de deux ***tours*** de 76 m de hauteur : à droite, celle dite ***de la Carraca*** (la crécelle) et à gauche, celle dite du ***Campanario*** (le clocher). Cette façade est précédée d'un escalier à double rampe qui ajoute à la verticalité de l'ensemble.

Une édification composite

La cathédrale est, à elle toute seule, un univers. Considérée comme le point culminant du roman espagnol, cœur et âme de la ville, elle a connu un bon nombre d'architectes depuis ses débuts. Chacun d'entre eux lui apporta son propre style et celui de son époque ; de ce fait, la cathédrale mélange parfaitement gothique et Renaissance, baroque galicien et roman.

Une église existait dès les premiers siècles de l'ère chrétienne là où, en 813, fut découverte la sépulture de l'apôtre Jacques. Les rois des Asturies édifièrent alors d'autres sanctuaires successifs sur cet emplacement, avant la mise en œuvre de la construction romane (vers 1060) qui s'échelonnera sur cent cinquante ans.

Un espace intérieur grandiose

En entrant dans la cathédrale, la première chose frappante, ce sont ses proportions : le plan, en croix latine, est composé d'une ***nef principale*** de 94 m de long, entourée de ***bas-côtés simples*** et précédée d'un ***narthex***.

Le ***chevet*** est constitué d'une large chapelle axiale de plan semi-circulaire. L'innovation – cas unique dans l'art roman – se caractérise par la présence d'un ***ciborium*** ou galerie supérieure qui entoure toute la cathédrale. Ces tribunes étaient conçues pour qu'un plus grand nombre de fidèles puisse assister aux somptueuses cérémonies. Son but était aussi de freiner la poussée architectonique de la nef centrale et de donner une plus grande luminosité à l'ensemble.

Dans un délire baroque, le maître-autel, sous un dais churrigueresque abrite le baldaquin ; à l'intérieur de celui-ci, dans une niche, se trouve le ***buste de Saint-Jacques* (3)**. Depuis le déambulatoire, un escalier permet de parvenir derrière la statue du saint, d'accomplir le rituel : embrasser la chape du saint et d'admirer la magnifique vue sur la nef.

Au-dessous, deux portes à côté du presbytère communiquent avec la ***crypte* (4)** où se trouvent les restes de l'apôtre, contenus aujourd'hui dans une châsse d'argent. Le ***Botafumeiro* (5)** est un énorme encensoir accroché à la voûte de la croisée du transept par une corde et qui se

Le Portique de la Gloire.

L'entrée principale de la cathédrale dissimule le magnifique Portique de la Gloire **(2)**, joyau du roman européen, réalisé par le *Maestro Mateo* (Maître Matthieu) entre 1168 et 1188.

Ce portique justifie à lui tout seul, le « mythe Jacquaire ». Il s'agit d'une œuvre admirable par la qualité de sa statuaire, qui développe deux thèmes : celui du Jugement Dernier et celui de l'Apocalypse.

L'arc central représente Jésus en sa gloire, entouré du peuple des chrétiens ; l'arc de gauche, dans sa première archivolte représente la promesse messianique à Adam et Eve, et dans sa seconde, la captivité des dix tribus d'Israël. Sur l'arc de droite se déroule le Jugement Dernier : les élus à gauche, les condamnés à droite. Tout l'ensemble est soutenu par des statues-colonnes, dans les piédroits, représentant les prophètes à gauche et les apôtres à droite : les saints varons se parlent à voix basse, se sourient, ils tiennent une conversation que l'on croit entendre au milieu des voix des visiteurs. Le trumeau présente l'arbre de Jessé avec l'ascendance de Jésus et les débuts de sa vie publique ; au-dessus, l'Apôtre Jacques souhaite la bienvenue aux visiteurs.

On remarque la trace d'une main incrustée dans la pierre. Cette marque est celle laissée par les millions de mains de pèlerins et de visiteurs qui s'y sont appuyés en priant et en demandant les faveurs du saint Apôtre. Sur ce même trumeau, dos au Portique et en regardant vers l'intérieur de la cathédrale, un personnage agenouillé se frappe la poitrine en signal de contrition : il s'agit de la statue du Maître Matthieu, connue aussi comme le *santo dos croques* ou « le saint des coups » : la tradition populaire veut que celui qui le salue en lui donnant un petit coup de front, acquerra de fait l'intelligence et le savoir du Maître.

Le *Maestro Mateo* a créé un monde de figures aux gestes et attitudes humaines, préférant le mouvement au traditionnel hiératisme sacré. Faisant un saut de trois ou quatre siècles, il devient le précurseur de ce qui sera plus tard le réalisme de la statuaire castillane.

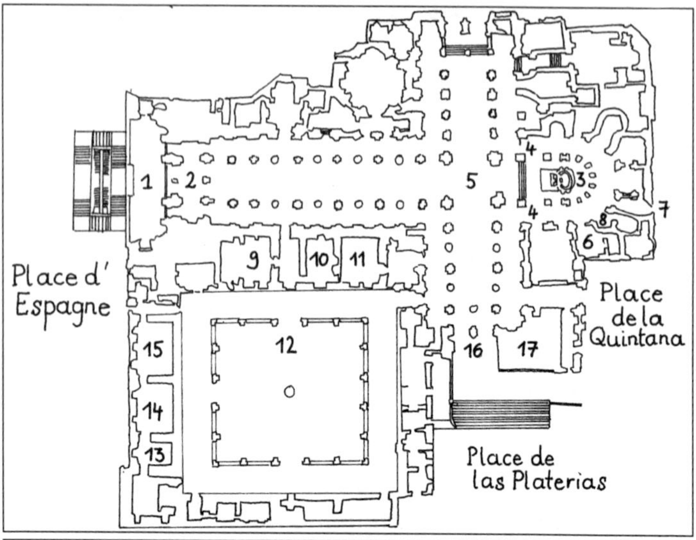

Plan de la cathédrale Saint-Jacques : **1**- Façade de l'Obradoiro. **2**- Portique de la Gloire. **3**- Buste de St-Jacques. **4**- Entrée de la crypte. **5**- Botafumeiro. **6**- Chapelle de Mondragón. **7**- Puerta Santa (porte sainte). **8**- Chapelle de San Salvador (du Sauveur). **9**- Chapelle des reliques. **10**- Trésor. **11**- Sacristie. **12**- Cloître. **13**- Archives. **14**- Salle capitulaire. **15**- Bibliothèque. **16**- Façade du Paradis. **17**- Torre del Reloj (Tour de la Trinité).

balance dans un impressionnant va-et-vient.

Les chapelles

Le ***déambulatoire*** dessert plusieurs chapelles : la première à droite est celle de ***Mondragón* (6)** dont la grille et la voûte sont de style Renaissance. Entre la 3e et la 4e se trouve la ***Puerta Santa* (7)**, qui est ouverte seulement à l'occasion des Années saintes. Dans la 4e, celle de ***San Salvador* (8)** (la mieux conservée), on délivrait la *Compostela*.

Les bras du transept et les bas-côtés sont également jalonnés de chapelles. Dans le bas-côté droit de la nef, nous trouvons la ***chapelle des Reliques* (9)** qui permet l'accès au ***trésor* (10)** et à la ***sacristie* (11)**. L'entrée est payante et c'est fermé tous les ap.-midi, dim. et fêtes.

Par le bras droit du transept, on accède au ***cloître* (12)**, de style gothique et l'un de plus grands cloîtres du territoire espagnol : il présente une large galerie tournante dotée d'élégants piliers gothiques, renforcés à l'extérieur par des contreforts très ornés. En levant les yeux on admirera les riches voûtes en ogive.

Plusieurs pièces sont occupées par le ***musée et les archives* (13) *de la cathédrale***, qui peuvent être visités tous les jours. Quatre étages leur sont dédiés : au rez-de-chaussée, dans la salle capitulaire (14) et dans la bibliothèque (15). A l'étage, se trouve le ***musée des Tapisseries*** (d'après des cartons de Rubens, Goya...). Pour finir, les deux sous-sols sont destinés à accueillir le produit des fouilles réalisées dans la cathédrale : ce sont les deux ***salles archéologiques.***

Les places, une symphonie en pierre

Autour de la cathédrale, une composition en quatre temps attend le voyageur : les quatre magnifiques places qui entourent la cathédrale.

Il y a donc l'impressionnante ***place de l'Obradoiro***, la ***place de l'Azabachería*** qui a donné son nom à la façade nord, appelée façade du Paradis (16), la ***place de las Platerías*** (des Orfèvres) dont le portail des Platerías est le plus ancien de la cathédrale et présente de magnifiques arcades romanes. A sa gauche, la ***Torre del Reloj* (17)**, la tour de l'Horloge, abrite l'une des cloches les plus puissantes du monde (XVIIIe s.) que l'on entend à 20 km à la ronde ! C'est la *Berenguela*, dont les douze coups de cloche s'envolent dans la ville en signal d'un monde qui s'endort et d'un autre qui s'éveille.

A l'est se trouve la ***place de la Quintana***, la place des Morts et des Vivants dont la signification est exprimée à travers deux espaces dallés. Entre, il y a un grand escalier où voyageurs et habitants s'assoient pour contempler le rêve de pierre qui les entoure. C'est là qu'il faut capter un rayon de soleil pour s'envelopper dans sa chaleur, et qu'il faut fermer les yeux pour mieux entendre les sons celtes qui arrivent jusqu'à nous.

Santiago est faite de sons et de sensations. Mais c'est surtout à minuit que la place libère tout son pouvoir évocateur lorsque le brouhaha des visiteurs s'éteint, lorsque la lune l'habille de sa lumière pâle, quand le clapotis des fontaines raisonne dans l'obscurité.

Tout autour de la cathédrale, d'autres bâtiments ont été construits : le ***Palais de Gelmírez***, bâtiment civil de style roman, édifié en 1120, long de 32 m. Il est réputé pour sa voûte d'ogive sculptée dans son salon synodal des *Fiestas*. La visite de ce palais est d'un grand intérêt pour comprendre la symbiose de l'église et du féodalisme dans l'ancien royaume de Galice.

Sur la place de l'Obradoiro s'élève l'hôpital royal ou ***Hostal de los Reyes Católicos***. Cet édifice, à la remarquable façade plateresque, est aujourd'hui occupé par un hôtel de luxe. Il s'organise (depuis le XVe s.) autour de quatre patios de dimensions identiques (les deux premiers Renaissance, les deux autres baroques). Le centre est occupé par une chapelle de style isabellinien, dotée d'une grille dorée style Renaissance et de sculptures sur les piliers.

Face à la cathédrale se trouve le ***Palais Raxoi*** (XVIIIe s.) dont l'austère façade est ornée d'un relief surmonté d'une statue équestre de Saint-Jacques.

L'Année sainte à St-Jacques

Les origines de l'Année sainte remontent à 1122, époque ou Calixte II était pape à Rome. Celui-ci proclama « saintes » les années où la fête principale de Saint-Jacques (le 25 juillet) tombait un dimanche, suivant en cela la tradition qui disait que c'était un dimanche que l'évêque Théodomire avait découvert le tombeau de l'apôtre.

Tout au long d'une Année sainte les pèlerins se voient accorder le Jubilé ou indulgence plénière. Autrement dit, le Jubilé est le privilège qui permet aux pèlerins d'être absous de tous leurs péchés. Pour gagner le Jubilé plusieurs conditions doivent être accomplies : visiter la cathédrale et le tombeau de l'Apôtre, dire au moins une prière dans le temple et recevoir deux Sacrements (Confession et Eucharistie).

Etre pèlerin, c'est avoir parcouru un minimum de 100 km à pied ou à cheval, ou bien un minimum de 200 km en vélo. Chaque Année sainte est marquée symboliquement par l'ouverture de la *Puerta Santa* de la cathédrale : le 31 décembre de l'année précédant l'Année sainte. Le mur qui obture la porte est détruit, pour être à nouveau élevé à la fin de l'année.

Cafés

Première ville universitaire et touristique de Galice, Saint-Jacques voit tripler le nombre de ses habitants tout au long de l'année. Jour et nuit, les rues de Saint-Jacques sont envahies d'une jeunesse faite d'étudiants et de visiteurs qui la transforment en un paradis de fête.

La vieille ville regorge de nombreux bars et pubs, combles tous les soirs. Ainsi, les rues qui entourent la cathédrale abritent des pubs devenus quasi institutionnels : **O Porrón**, à *Casas Reais*, **Xa Chegou** et le **Bar Suso** à l'*Algalia*.

Le *Calexón de San Paio* ou la *rue de la Conga* réunissent aussi un nombre important de pubs : notamment, la **Casas das Crechas**, pour prendre un verre accompagné des accords celtes de Milladoiro ou Treixadura, deux des plus importants groupes de musique galicienne.

A fréquenter également : le **Paraiso Perdido**, le **Fucolois**, La **Borriquita de Belén** et l'indémodable **Modus Vivendi**.

Dans *la rue Travesa*, choisir le **Joam Ayras**, et le pub **La Taraska** à *Entre Rúas*.

Une autre option nous amène vers les quartiers de la ville moderne, avec une plus grande concentration de bars et pubs surtout autour de la *Plaza Roja*.

Restaurants

La liste des restaurants de la ville est aussi interminable. Voici simplement quelques bonnes adresses choisies parmi tant d'autres :

Libredón. *Plaza de España*, tél. 981/ 582200.

Peregrino. *c/ Rosalía de Castro*,s/n, tél. 981/ 591850.

Vilas. *c/ Rosalía de Castro*, 88, tél. 981/ 592170 ou 981/ 591000. De la bonne cuisine galicienne et de très bons produits naturels. Fermé le dimanche.

Anexo Vilas. *Avda. de Villagarcía*, s/n, tél. 981/598387.

Don Gaiferos. *Rúa Nova*, 23, tél. 981/ 583894. Cuisine galicienne et internationale soignée, dans un cadre ancien.

Alameda. *Avda. Figueroa*, 15,tél. 981/ 595993.

El asesino. *Plaza de la Universidad, 16*, tél. 981/ 581568. Cuisine familiale, ce restaurant qui se vante d'avoir parmi ses clients habituels le grand écrivain Valle-Inclán, est le plus ancien de la ville.

Les très pittoresques *rues du Villar* et du *Franco* possèdent un grand nombre de restaurants où déguster les mets typiques de la région. Dans les devantures sont exposés les fruits de mer et les produits du terroirs, attirant les yeux et la gourmandise des passants.

Transports

Taxis : station d'autobus, tél. 981/ 582450. *Plaza de José Antonio*, tél. 981/ 595964. *Avenida de Figueroa*, tél. 585973.

Gare de trains : Estación renfe, *c/ General franco*, tél. 981/ 596050.

Gare d'autobus : Estación Central, *San Cayetano*, tél. 981/ 587700.

Plusieurs collèges sont répartis autour de la cathédrale : l'ancien ***collège San Gerónimo*** (XVIIe s., portail XVe s.) est aujourd'hui occupé par l'Institut d'études galiciennes et le siège du rectorat de l'Université. Derrière, le ***collège Fonseca*** de style Renaissance, présente un patio à deux étages.

La ***place de la Quintana*** est dominée par l'imposant mur du ***couvent de San Paio de Antealtares***, qui, dans une austérité suprême, présente 48 grandes fenêtres dont la seul touche de fantaisie sont les géraniums qui les décorent ! Mais cette place est aussi bordée au sud par la ***Casa del Cabildo*** (la maison du Chapitre) qui amène le baroque à son extrême limite ne présentant qu'une simple façade, un pur décor en pierre.

En haut du célèbre escalier de la Quintana, s'élève la ***Casa de la Parra*** (de la Treille) une sorte de manoir transposé au beau milieu de la cité médiévale, poésie de vigne et de pierre.

De là, nous empruntons la *Via Sacra*, solitaire et retirée, qui nous mène jusqu'à la ***place de la Acibachería***. En face d'elle, l'immense façade plateresque de l'ancien monastère bénédictin de ***San Martín Pinario*** (XVIe-XVIIe s.) envahit le champ de vision des visiteurs. Plus grand par sa superficie que la cathédrale elle-même, ce bâtiment possède un portail encadré par trois niveaux de colonnes. Il est surtout célèbre pour son chœur et son retable churrigueresque.

En remontant la rue qui sépare le monastère de la cathédrale, nous arrivons à la ***place de Cervantès*** ou ***del Pan*** (« du pain »), l'un des carrefours du Saint-Jacques ancien et populaire : les pèlerins, après avoir dépassé la ***Porta Franca*** et ***Casas Reais***, s'y rendaient pour faire les derniers mètres jusqu'à la cathédrale.

Détailler tous les monuments de Santiago, ville déclarée Patrimoine de l'Humanité par l'Unesco, s'avère être quasi impossible, car la ville compte quarante-six églises, cent quatorze clochers, et d'innombrables palais, musées, portails, maisons seigneuriales, etc.

A Saint-Jacques, comme dans toutes les grandes villes d'art du monde, il faut simplement se promener, se laisser aller au rythme des rues, car chaque maison, chaque coin de rue est prêt à nous dévoiler un trésor d'art et d'histoire.

Rías Altas et *Rías Bajas*.

La côte galicienne, qui nous mène de Ribadeo jusqu'à l'embouchure du fleuve El Miño à la limite du Portugal, est traditionnellement divisée en *Rías Altas* et *Rías Bajas*.

Les *Rías Altas* et la côte de Lugo

De **Ribadeo** jusqu'au **cap Finisterre**, les *Rías Altas* suivent un parcours qui embrasse la côte de Lugo et une grande partie de la côte de La Corogne (*La Coruña*). La mer sauvage et froide des *Rías Altas* est bordée non seulement par des kilomètres de magnifiques plages, mais surtout par d'extraordinaires falaises qui pointent leurs roches en un défi solitaire à l'océan.

Ribadeo

Cette ville conserve encore les vestiges de l'ancien ***château de San Damián***, situé sur la route qui mène vers l'île Pancha.

Sur l'***Atalaya***, lieu de célébration de *romerías* et fêtes de pêcheurs, nous trouvons la très jolie ***église de la Trinidad***, qui possède un retable baroque du XVIIIe s.

Depuis le ***mont de Santa Cruz***, sur lequel s'élève le monument au *gaitero* (joueur de cornemuse), nous apercevons la *ría d'Eo*, qui se perd au loin, vers les eaux voisines des *Rías* asturiennes.

Ribadeo est longé de belles plages : ***Los Castros***, ***San Miguel de Reinante***, ***Santiago de Reinante***, ***San Pedro de Benquerencia***, ***San Cosme de Barreiros***.

Foz

A 25 km de Ribadeo, au centre du Golfe de la rivière Masma, s'élève cette petite ville pittoresque qui vit actuellement de la pêche et du tourisme. Foz est située dans une région de *castros* (habitations celtes), remarquables par leurs tombes découvertes à **Fazouro**. Chaque année des milliers de touristes arrivent dans la ville en raison de ses très belles plages (LLas, Ollo de mar, Arealonga...), de ses fêtes et *romerías* (les fêtes de San Lorenzo, le 10 août, sont le cadre de manifestations populaires), et de sa foire d'Art Populaire galicien où sont présentées les meilleures réalisations de l'artisanat de la région : Alfarería de Bonze, *colchas* (dessus de lit) tissées de Chantada, ébénisterie de Ribadeo...

MONDOÑEDO

A quelques kilomètres de Foz, la ville de Mondoñedo fut du XVIe siècle à 1834, l'un des sept chefs-lieux du royaume de Galice. Située dans une vallée fertile qui jouit d'un excellent débouché dans la mer, Mondoñedo possède une très belle cathédrale, ***San Martín***, consacrée en 1248. Bel exemple du roman primitif, elle conserve le sépulcre de San Gonzalo, et de très belles fresques romanes.

Une promenade dans les paisibles rues et places de Mondoñedo, permet de visiter d'autres monuments remarquables, pour la plupart érigés au XVIIIe s : Le ***séminaire royal de Santa Catalina***, le ***Sanctuaire de los Remedios***, l'***hôtel de ville*** ou la magnifique ***Fonte Vella*** du XVIe s.

VIVERO

Telle un tapis vert déroulé sur la mer, la très jolie ville de Vivero est située à l'embouchure du Leandro.

Les belles maisons aux vérandas habillent les petites places où le temps semble s'être arrêté. La ville conserve une partie de l'ancienne muraille ainsi que son portail appelé le *Castillo*, de style plateresque.

La côte de la Corogne

On traverse ici beaucoup de localités pittoresques et charmantes, telles **Porto do Barqueiro**, **San Andrés de Teixido**, **Cedeira** et **Valdoviño**, pour arriver enfin à El Ferrol.

EL FERROL

Cette ville au caractère et à la personnalité moderne, ne se développe véritablement que sous les Bourbons qui font d'elle la capitale d'un département maritime en 1726. Cela provoque l'arrivée de nombreux ingénieurs qui s'occupent de son tracé et de ses principaux édifices. El Ferrol est aussi connue pour avoir été la ville natale de Franco.

La *Calle Real* est l'artère principale du vieux Ferrol, quartier où nous trouvons les plus importants monuments de la ville : l'***église de San Julián***, néo-classique, élevée à la fin du XVIIIe s. pour remplacer une ancienne église romane. L'église et couvent de ***San Francisco***, aussi de style néo-classique. La ***porte del Dique***, construite sous le royaume de Charles III, donne accès au quartier de l'arsenal.

PUENTEDEUME

La N6 nous amène jusqu'à la *ría de Puentedeume* et dans la ville du même nom, qui forme avec la ville de **Cabanas**, sur l'embouchure de la rivière Eume, l'un des plus beaux paysages naturels de la Galice.

Dans la ville, la tour de l'ancien ***Pazo del Conde***, possède des fenêtres gothiques et sur le mur sud un très beau blason décoré de dix-huit drapeaux. Dans la *Calle Real*, la ***Mairie*** est un magnifique édifice du XVIIe s.

Chaque samedi soir, à Puentedeume a lieu ce qu'on appelle *O Feirón* une grande foire pittoresque et très animée, où l'on peut acheter tous les délicieux produits de la région.

BETANZOS

L'ancien *Brigantium Flavium* des romains et actuel Betanzos a été élevé sur d'anciennes habitations celtes, le *Castrum de Untía*. La ville a été l'une des sept Provinces du Royaume de Galice, ce qui explique la beauté monumentale de ses rues, de ses arcades, de ses maisons seigneuriales.

L'atmosphère de la ville est résolument médiévale. Le centre décisionnel de Betanzos est la ***place de García Hermanos*** ou *O Campo* avec une surprenante fontaine en fer qui imite la Diane de Versailles. Plusieurs monuments délimitent cette place : le ***couvent de Santo Domingo***

(XVIe-XVIIIe s.), les ***archives néo-classiques*** et la ***bibliothèque municipale***.

La ***place de la Constitution*** est présidée par l'*ayuntamiento* (mairie), néo-classique du XVIIIe siècle, et par la tour municipale, attenante à l'église Santiago, dans un style gothique très pur.

La Corogne

Fréquentée dès la plus haute Antiquité, la ville est située sur une petite péninsule qui ferme le Golfe Artabro et où se dresse la fameuse ***Tour d'Hercule*** (construction romaine du IIe siècle).

Jusqu'au Moyen Age, le site portuaire s'appelle *Corunium*. Le véritable essor de la ville ne date que de la Renaissance avec le commerce colonial. La Corogne reste tristement célèbre pour l'anéantissement de l'Invincible Armada, flotte de guerre partie de Lisbonne en 1588.

La vieille ville s'ouvre sur l'***allée de la Marina***, bordée de maisons aux *solanas*, ces célèbres façades entièrement vitrées qui permettent un ensoleillement maximum. C'est la raison de son surnom, « la ville de cristal ». Quelques monuments sont à voir absolument comme la ***Santa María del Campo*** à la façade ornée d'une belle rosace et d'un portail sculpté, l'***église baroque Santo Domingo*** et son autel churrigueresque et l'***église de Santiago***, romane du XIIe siècle. Le dédale des ruelles offre un cadre plaisant surtout les soirs d'été où des petits concerts improvisés attirent les badauds.

Riche en musées, La Corogne présente de nombreuses collections et expositions. Le ***château de San Antón*** (XVIe - XVIIe s.), surplombé par les jardins de San Carlos, abrite le ***musée historique et archéologique*** d'un grand intérêt sur les civilisations celtes et romaines. Un autre musée est consacré à l'écrivain ***Emilia Pardo Bazán***, l'une des grandes dames de la littérature espagnole avec Rosalía de Castro. Enfin le ***musée provincial des Beaux-Arts*** qui occupe l'ancien consulat royal de la mer, contient des œuvres intéressantes de Goya, Le Tintoret, Van Dyck, Ribera, Velázquez, etc.

Lexique des styles d'art hispanique

wisigothique : classique tardif (V^e^-VIe s.).

préroman asturien : art autochtone sans épisode mauresque (IXe s.).

mozarabe : style architectural chrétien influencé par l'art mauresque (Xe s.).

flamigero : gothique flamboyant espagnol (XIVe s.).

mudéjar : style architectural des Arabes mis au service des constructions chrétiennes (XIVe s.).

isabellinien : style de transition entre un gothique tardif et un style Renaissance à fioritures (XVe s.).

plateresque : style ornemental du début de la Renaissance (XVIe s.).

Herrera : style Renaissance sévère stigmatisé par Juan de Herrera, architecte de Philippe II (XVIe s.).

churrigueresque : style baroque tardif des frères Churriguera (XVIIe s.).

Finisterre et la Costa da Morte.

Avant de quitter *las Rías Altas*, le voyage à Finisterre (« la fin de la terre » pour les romains) est un rite pour tous ceux qui visitent la Galice, et surtout pour ceux qui ont parcouru le chemin de Saint-Jacques car c'est ici que s'accomplit la fin du pèlerinage.

Les premiers voyageurs qui entreprenaient de se rendre à Saint-Jacques suivaient le soleil, soleil qui allait mourir dans la mer, du côté de la *Costa da Morte* « la côte de la mort » (ainsi nommée à cause des nombreux naufrages qui s'y produisaient).

Au départ de La Corogne, il faut emprunter la C 550 qui conduit à Finisterre. A partir de **Carballo**, plusieurs embranchements nous mènent en divers endroits de la côte, à travers villes et villages : **Malpica**, **Ponteceso**, **Laxe**, avec ses grandes étendues de sable, **Camariñas** avec ses magnifiques dentelles aux fuseaux (point fort de l'artisanat de la région), **Muxía**, **Moraime**, célèbre pour son église romane du XIIe s. où l'on a découvert des peintures murales, et pour sa nécropole wisigothe, unique dans la région, et enfin **Cee**, ville frontière entre les *Rías Altas* et les *Rías Bajas*.

Les *Rías Bajas*

Elles s'étendent de **Carnota** jusqu'à **La Guardia** et comprennent du nord au sud, les *rías* de **Muros** et **Noia**, la *ría* d'**Arousa**, la *ría* de **Pontevedra** et celle de **Vigo**. La mer y est calme mais fraîche. La végétation verdoyante est similaire sur toute la côte entre pins et eucalyptus et caractérise le paysage des *rías*.

C'est à **Carnota** que commencent les *Rías Bajas*. Cette petite ville possède l'*hórreo* (grenier) le plus grand de la Galice. Ses étendues sableuses sont importantes comme la ***plage de Carnota*** qui fait 7 km de long.

Muros est située sur la pente d'un ancien *castro* et est protégée du vent par les monts Costiña et Rebordiño.
Port de pêche d'une grande beauté, Muros offre aux visiteurs des coins pittoresques et des ruelles en labyrinthe.
Plusieurs monuments intéressants se trouvent sur la route qui nous mène vers Noia : le ***sanctuaire de Nuestra Señora del Camino***, chapelle ogivale de tradition romane du XIVe s., l'***église baroque de San Juan de Roo*** ou le ***calvaire*** (*cruceiro*) ***de Eiroa*** de 1879.

La jolie ville de **Noia** conserve une bonne partie de sa structure médiévale.
Les ***églises de San Francisco*** (Renaissance), de ***Santa María la Nueva*** (XIVe) et ***San Martiño*** méritent une petite halte.`

Avant de pénétrer dans la *ría* d'Arousa, une excursion intéressante nous conduit à **Porto do Son**. Aux alentours se trouvent le ***castro de Barona*** et les ***dunes de Corrubedo***, le plus impressionnant amphithéâtre sableux de toute la Galice.

La *ría* d'Arousa

La douceur des *Rías Bajas* se ressent dans son climat et dans les caresses que la mer effectue par son incessant va-et-vient, paraissant vouloir partager avec les gens de la côte la quiétude du lieu…
Tout le littoral est jalonné de belles *marinas* où les bateaux aux mille couleurs se reposent avant de repartir vers les horizons marins. **Santa Uxía de Ribeira**, la **Puebla del Caramiñal**, **Boiro**, **Rianxo** reçoivent chaque année davantage de visiteurs attirés par les belles plages, les fêtes et la gastronomie traditionnelle.

Vilagarcía de Arosa est une importante ville balnéaire ainsi qu'un port de pêche doté d'un marché rural réputé. La cité s'est parée de belles maisons seigneuriales au XVIe, XVIIe et XVIIIe siècles et possède quelques beaux monuments comme le ***palais*** et le ***couvent de Vistalegre***, déclarés monuments historiques car ils présentent les caractéristiques des premiers *pazos* galiciens (entre palais et grandes demeures) du XVIIe s.

Les origines de la ville de **Cambados** remontent au Ve siècle av. J.-C.
Réputée pour son ***Paradore del Albinero*** et ses restaurants de poisson, la petite cité s'organise autour de la très belle ***place de Fefiñanes*** bordée par les ruines de l'église gothique ***Santa María***, le ***pazo*** néo-classique et une tour du XIIe siècle, la ***Torre San Saturio***.
En face, se trouve l'**île de la Toja**, véritable paradis naturel et climatique où se sont construits des bases de loisirs.

La *ría* de Pontevedra

De **Portonovo** à **Bueu**, cet estuaire est le plus fréquenté de la côte ainsi que l'illustre la ville de **Sanxenxo** surnommée « la Marbella du nord » !

Combarro est un petit village qui a su préserver son harmonie d'antan avec ses douze *cruceiros* et ses quarante *hórreos* (greniers à blé en pierre et sur pilotis, construits en bord de mer).

PONTEVEDRA

D'origine lointaine, cette capitale provinciale possède un ensemble monumental extraordinaire, la ***basilique Santa María la Mayor*** de style plateresque du XVIe siècle. Il y a aussi l'***église de la Peregrina*** édifiée au XVIIIe siècle dans un style baroque et néo-classique ainsi que l'***église San Bartolomé***, de style baroque galicien. Le ***monastère*** et l'***église San Francisco*** dominent la charmante ***place de la Herrería***.

Les ruines du ***couvent Santo Domingo*** s'élèvent en plein cœur de la ville, petit îlot de pierre et de végétation. Le ***musée de la ville*** est au nord sur la belle ***place de la Leña***. Il contient des salles sur la préhistoire mais aussi des œuvres majeures comme celles de Zurbarán, de Murillo et de Ribera...(ouvert de 11h à 13h30 et de 17h à 20h, fermé dim. ap.-midi et jours fériés).

La *ría* de Vigo

Port de commerce prospère depuis les Grandes Découvertes, Vigo est devenu le premier port de pêche de l'Espagne.

Il faut vraiment aller jeter un coup d'œil sur la jetée et voir décharger les tonnes de poissons et de fruits de mer. C'est à couper le souffle mais cela ouvre l'appétit ! Le quartier des pêcheurs, ***El Barbés***, est en bordure de la criée et mérite un petit tour rien que pour l'ambiance.

En forme d'amphithéâtre, Vigo offre des points de vue intéressants surtout à partir du ***parc de la Guía*** qui, de son promontoire, permet d'observer l'estuaire, le port et la ville. Au sud, le ***manoir de Castrelo*** (transformé en musée des Arts) et son beau ***parc de la Quiñones*** sont appréciables pour leur quiétude.

La Ribeira Sacra ou la rive sacrée.

OURENSE

Située à l'est de Pontevedra et au nord du Portugal, la ville est bordée de petites montagnes boisées de pins et d'eucalyptus où s'écoule El Miño.

Connue depuis l'Antiquité pour ses eaux sulfureuses, elle attire toujours les amateurs de thermalisme et les curistes de la région.

Dotée d'un cœur historique avec son vieux pont romain, la cité s'organise autour de la ***cathédrale*** consacrée à ***St-Martin du Tour***, elle a été édifiée au Moyen Age, puis profondément remaniée à l'époque baroque. De nombreux détails évoquent la cathédrale de Santiago comme ce Portique du Paradis en référence au Portique de la Gloire. Le ***palais épiscopal*** contient aujourd'hui le ***musée provincial***, intéressant pour ses collections archéologiques et d'art populaire. La ***plaza Mayor*** comporte des portiques d'époque classique et des façades à miradors dignes des anciennes demeures bourgeoises.

La ***Ribeira Sacra*** est située dans le nord de la Province d'Ourense, son importance date de l'installation d'ermites dans le Canyon de Sil. Ceux-ci fondèrent plusieurs monastères romans dans la région et s'employèrent à cultiver la vigne, laquelle fait partie des meilleures de Galice (le *Ribeiro*, l'*Amandi*...).

Ce parcours conduit donc au pays des seigneurs et des moines.

De Maceda au Canyon de Sil

Il faut compter un peu plus de 200 km pour le parcours.

Le château de **Maceda** ouvre cette voie sacrée et souligne l'ancien émiettement féodal du Moyen Age. Construit stratégiquement dans une enclave rocheuse, cette résidence fortifiée conserve sa muraille et sa ***tour de l'Homenaje***.

Le ***monastère cistercien* de Xunqueira de Espadañedo** date du XIIe siècle. Son église est de plan basilical avec trois nefs et trois absides. Sa façade a été reconstruite dans un style néo-classique épuré. L'élégance du cloître est renforcée par l'emploi des arcs en plein cintre. Ce monastère a été déclaré d'intérêt national en 1980.

Le ***monastère*** **de Montederramo** est aussi du XIIe s. mais il est de style plateresque et baroque et son plan est en croix latine. Il a également été classé monument historique.

Le ***château*** **de Castro Caldelas** est une très belle demeure du XIIe s. qui a appartenu au lignage des comtes de Lemos. Il conserve ses trois tours et sa muraille.

Le ***monastère de Santa Cristina*** a été construit dans le magnifique Canyon de Sil au milieu d'un bois de châtaigniers. Avec son plan en croix latine, sa jolie nef et son clocher, Santa Cristina est un petit joyau bien caché.

Le ***monastère de San Pedro*** **de Rocas** est le plus ancien puisque ses travaux ont débuté en 573. Il marque le début de la christianisation de la région. Trois cryptes ont été taillées dans la roche. Lui aussi a subi des rajouts ultérieurs.

La ***tour*** **de San Salvador** est un magnifique exemple d'architecture populaire des XVIIe-XVIIIe siècles.

Le ***monastère San Esteban*** **de Ribas de Sil** a été fondé par l'abbé Franquila en 909, mais il s'est chargé d'apports architecturaux ultérieurs comme sa façade baroque ou un de ses cloîtres Renaissance.

A quelques kilomètres, on découvre ***Santa María*** **de Melias**, laquelle possède des vestiges d'un gothique tardif mais dont la nef date de la Renaissance.

D'Oseira à A Peroxa

Pour atteindre le ***monastère Santa María La Real*** **de Oseira**, il faut emprunter la N 525 depuis Ourense en direction du nord-ouest. Prendre ensuite l'embranchement menant à Cea et continuer sur une dizaine de kilomètres. Au milieu de cette vallée boisée, on aperçoit depuis la route un grand bâtiment gris qui tranche avec le vert de la végétation. Appelé l'Escurial de Galice, ce monastère s'impose par son dépouillement cistercien. Seule sa façade baroque rompt avec l'austérité du bâtiment érigé lentement entre le XVe et le XVIIIe siècles. L'intérieur comporte trois cloîtres, un escalier principal, une église du XIIe-XIIIe s., une sacristie décorée façon gothique et une salle capitulaire spectaculaire.

Après une visite matinale, on peut se restaurer à **Chantada**, une adorable petite ville située à 50 km.

Pour rentrer, il faut prendre la N 540, bifurquer à **La Barella** et emprunter la route qui mène à **Castro Carballedo**. Comme son nom l'indique, l'endroit abrite les ruines plutôt bien conservées d'une forteresse ; une petite halte y est des plus agréables.

Après une quinzaine de kilomètres, on arrive au ***château A Peroxa*** qui a appartenu au XVe s. à la famille des Sarmiento. Construit sur un promontoire, il fut certainement bâti sur une ancienne colonie *castreña*.

Lugo et les Ancares.

Lugo est une vieille ville du nord aux toits d'ardoise, entourée de la plus belle enceinte romaine conservée jusqu'ici.

Sa ***cathédrale*** commencée au XIIe s. fut interrompue pendant longtemps puis achevée au XVIIIe siècle ; elle offre tout un éventail d'époques et de styles différents. Son portail principal dédié à saint Jacques montre que Lugo est sur le chemin menant à Compostelle. Son ***musée provincial*** renferme des objets anciens traditionnels et des collections ethnologiques. Quand la pluie tombe, elle devient art car Lugo resplendit de lumières et s'offre comme un mystère... On sait alors que Santiago n'est plus très loin.

La ***sierra des Ancares*** est située au sud-est de la Province de Lugo et est constituée d'un magnifique ensemble de *fragas* (terrain rocailleux) entouré de splendides vallées (Piormedo, Ortigal...). Véritable réserve naturelle, les *Ancares* contiennent des essences végétales particulières (genêts, genévriers, airelles...) et des espèces animales rares comme la martre et le coq de bruyère. Non habitée, cette *sierra* ravira les marcheurs solitaires et les amoureux de la nature.

LEXIQUE ILLUSTRÉ DES TERMES D'ARCHITECTURE

Le Plan

1. Nef principale
2. Bas-côtés (ou nef latérale)
3. Croisée des transepts
4. Transept
5. Croisillon (ou bras du transept)
6. Chapelle axiale (ou absidiole)
7. Travée de chœur
8. Chœur
9. Déambulatoire
10. Chapelle rayonnante
11. Chevet
12. Narthex

Le plan centré. Eglise ronde ou octogonale, l'autel se trouve au centre. **Le plan basilical.** Eglise composée d'un unique vaisseau allongé (nef principale) qui se termine par le chœur. **Le plan en croix latine.** Eglise composée d'une nef principale à laquelle on ajouté un vaisseau perpendiculaire (le transept).

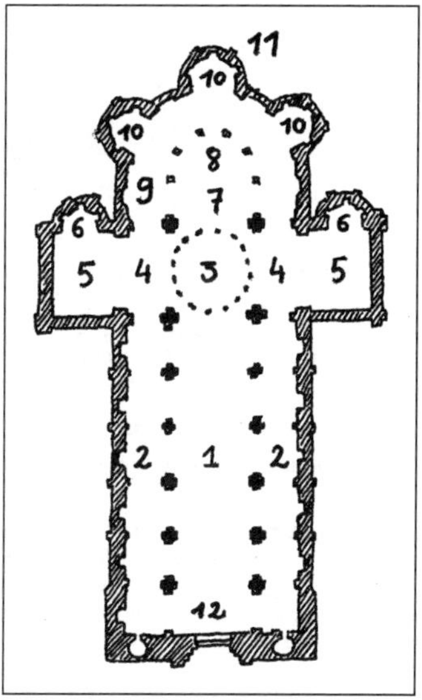

L'élévation

1. Grandes arcades. Elles matérialisent la séparation entre la nef et les bas-côtés. La distance qui sépare deux piliers s'appelle une travée.

2. Tribune. Le plus souvent destinée à accueillir les fidèles, elle se résume parfois à une simple coursive. Elle peut être percée de fenêtres sans que cela soit une règle absolue.

3. Triforium. Composé d'arcatures ajourées ou aveugles, c'est un élément essentiellement décoratif qui structure la paroi.

4. Fenêtres hautes. Elles sont toujours situées au faîte de la voûte et sont parfois la seule source lumineuse de l'édifice ; elles ont ainsi une grande importance dans la perception spatiale que l'on a de l'intérieur de l'église.

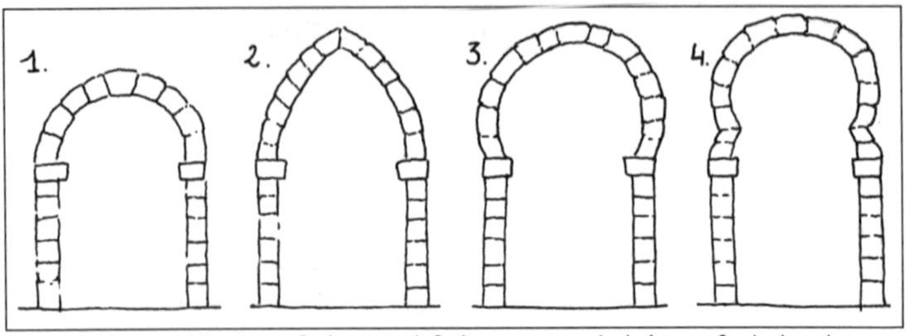

1. Arc en plein cintre. 2. Arc ogival. 3. Arc outrepassé. 4. Arc en fer à cheval.

Les différents types d'arcs

L'arc en plein cintre caractérise l'art roman et l'arc ogival l'art gothique, le passage de l'un à l'autre s'est fait progressivement entre le XIIe et le XIIIe siècle, au fil des tâtonnements techniques et de l'évolution des traditions artisanales. Les arcs outrepassé et en fer à cheval sont typiques de l'art musulman.

La colonne

Une colonne est ronde, sinon c'est un pilier.

1. ***Chapiteau.*** Il peut être orné ou historié. Il est dit *orné* si les motifs sont géométriques ou végétaux, il est dit *historié* si les motifs présentent des saynètes inspirées de la Bible.
2. ***Fût.*** En général, il est lisse. Mais il arrive qu'il soit sculpté, en torsades ou canelé par exemple.
3. ***Base.*** Elle donne sa stabilité à la colonne. Elle est formée de :
4. ***Moulure de plan circulaire.***
5. ***Plinthe.***
6. ***Socle.*** Ne fait pas partie de la base.

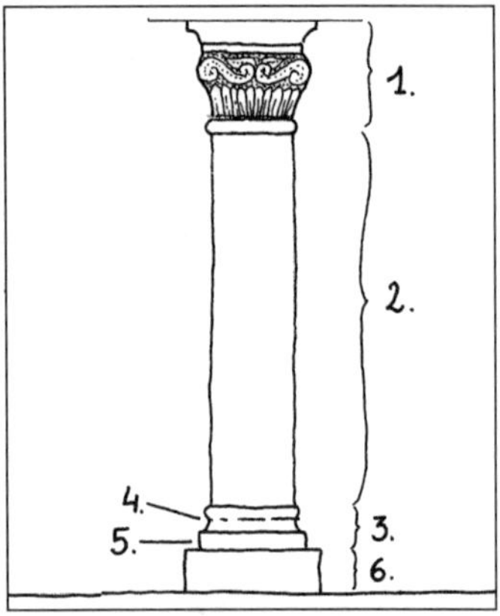

Le portail

Le portail est une entrée monumentale à une ou plusieurs portes.

1. ***Trumeau***. Souvent un personnage y est sculpté, il semble accueillir les fidèles.
2. ***Linteau.*** Partie horizontale sur laquelle repose le tympan.
3. ***Tympan.*** Surface sous les voussures où se déploie un décor sculpté qui donne son nom au portail.
4. ***Piédroits.*** A chaque piédroit correspond une voussure.
5. ***Voussures.*** Arcs en relief qui encadrent le tympan.
6. ***Archivolte.*** dernière voussure qui encadre l'ensemble.
7. ***Vantail.*** Battant de bois qui ferme la porte.

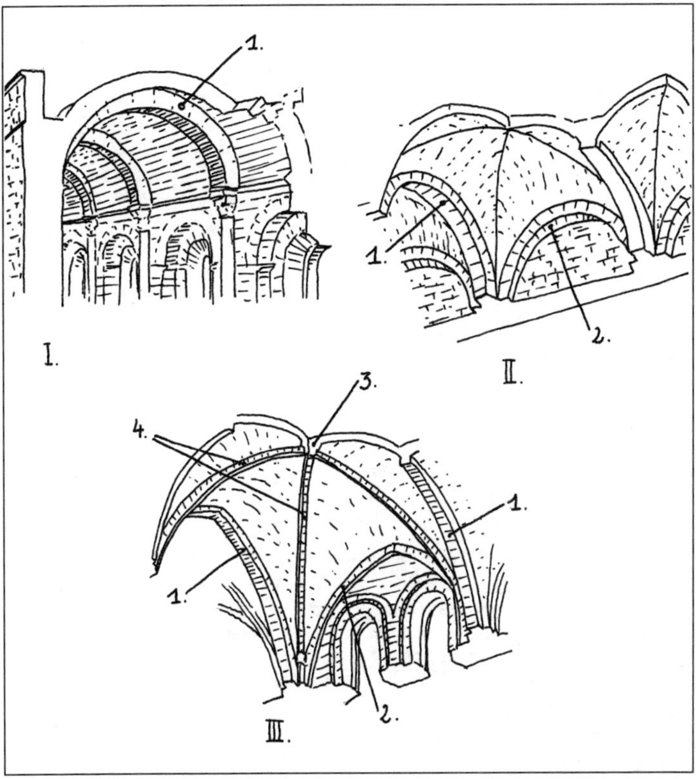

***1. Arc doubleau**, perpendiculaire au vaisseau.*
***2. Arc formeret**, parallèle au vaisseau, engagé dans le mur extérieur.*
***3. Clé de voûte**.*
***4. Croisée d'ogive**.*

Les différents types de voûtes

I. La voûte en berceau

Typique de l'art roman, elle utilise l'arc en plein cintre. La voûte semble un unique vaisseau rythmé par la succession des arcs doubleaux perpendiculaires à l'axe de la nef.

II. La voûte d'arête

Elle correspond au croisement théorique de deux voûtes en berceau. C'est l'étape juste avant la croisée d'ogive, un tentative pour alléger physiquement et visuellement la voûte. Mais les difficultés techniques la cantonne dans les vaisseaux étroits, comme les bas-côtés, le déambulatoire ou la crypte.

III. La croisée d'ogive

La maîtrise de l'arc brisé est l'étape décisive qui va transformer toute l'architecture du Moyen Age. L'arc brisé permet le déplacement du poids de la voûte sur les piliers qui sont dans le prolongement de l'arc. Et grâce à la concentration du poids en des points précis, le mur va s'alléger, les baies vont s'agrandir, l'édifice tout entier pourra s'élever de plus en plus haut.

PLANS

CARTES

ILLUSTRATIONS

ENCADRÉS

NOTES

INDEX